FOM-Edition

Studium kompakt

Reihe herausgegeben von

FOM Hochschule für Oekonomie & Management, Essen, Deutschland

Bücher, die relevante Themen aus wissenschaftlicher Perspektive beleuchten, sowie Lehrbücher schärfen das Profil einer Hochschule. Im Zuge des Aufbaus der FOM gründete die Hochschule mit der FOM-Edition eine wissenschaftliche Schriftenreihe, die allen Hochschullehrenden der FOM offensteht. Sie gliedert sich in die Bereiche Lehrbuch, Fachbuch, Sachbuch, International Series sowie Dissertationen. Seit 2023 ergänzen zudem die Reihen FOM-Edition Kompakt und FOM-Edition Studium kompakt, mit denen komprimierte Inhalte kurzfristig herausgegeben werden können, das Portfolio.

Die Reihe FOM-Edition Studium kompakt ist thematisch breit gefächert. Die Bände der Reihe behandeln in konzentrierter Form modulbezogenen Lernstoff, der didaktisch insbesondere auch für das berufsbegleitende Studium aufbereitet ist.

Katrin Keller • Kathrin Bieler

Wirksam forschen im Studium

Wegweiser für anwendungsbezogene Forschungsprojekte

Katrin Keller
FOM Hochschule für Oekonomie &
Management
Essen, Deutschland

Kathrin Bieler
FOM Hochschule für Oekonomie &
Management
Essen, Deutschland

ISSN 2625-7114 ISSN 2625-7122 (electronic)
FOM-Edition
ISSN 2947-499X ISSN 2947-6224 (electronic)
Studium kompakt
ISBN 978-3-658-50969-9 ISBN 978-3-658-50970-5 (eBook)
https://doi.org/10.1007/978-3-658-50970-5

Die Deutsche Nationalbibliothek verzeichnet diese Publikation in der Deutschen Nationalbibliografie; detaillierte bibliografische Daten sind im Internet über https://portal.dnb.de abrufbar.

Springer Gabler ist ein Imprint der eingetragenen Gesellschaft Springer Fachmedien Wiesbaden GmbH und ist ein Teil von Springer Nature.
Die Anschrift der Gesellschaft ist: Abraham-Lincoln-Str. 46, 65189 Wiesbaden, Germany

Was Sie in diesem Band der FOM-Edition Studium kompakt finden können

- Tipps zur methodischen und nachhaltigen Förderung der eigenen Forschungskompetenz
- Enge Verzahnung von Theorie und Praxis: So kann Forschung im Studium als Lern- und Entwicklungsprozess gestaltet werden
- Schritt für Schritt durch den Forschungsprozess: Von der Fragestellung bis zur Reflexion der Ergebnisse
- Praktische Impulse für Lehrende: Verknüpfung didaktischer Konzepte und digitaler Werkzeuge für die gezielte Unterstützung der Forschungskompetenz
- Konkrete Werkzeuge für Studierende: Checklisten, Merksätze, Praxisbeispiele mit einem kleinen Leitfaden zum eigenständigen Forschen

Vorwort

Das Verfassen wissenschaftlicher Abschlussarbeiten mit eigenem Forschungsbezug stellt viele Studierende vor eine erhebliche Herausforderung und zugleich vor ein neues Lernfeld: die Entwicklung und Vertiefung der eigenen Forschungskompetenz. Besonders in den Geistes-, Bildungs- und Sozialwissenschaften steht eine praxisnahe und wirksame Forschung im Mittelpunkt.

Wirksame Forschung geht von einem beobachtbaren Problem aus, verknüpft dieses mit theoretischen und wissenschaftlichen Perspektiven, diskutiert es kritisch und überführt die gewonnenen Erkenntnisse in anwendungsorientierte Praxis. Auf dieser Grundlage versteht dieser Band der FOM-Edition Studium kompakt Forschung nicht als linearen Ablauf, sondern als *iterativen* Prozess, der Wissen, Reflexion, Verantwortung und Praxisbezug systematisch verbindet.

Darüber hinaus werden ethische Aspekte und Verfahren der Qualitätssicherung aufgegriffen, um Forschungskompetenz nicht nur methodisch, sondern auch verantwortungsvoll und nachhaltig zu fördern. Zahlreiche Praxisbeispiele verdeutlichen, wie Forschung im Studium als Lern- und Entwicklungsprozess gestaltet werden kann, der Theorie und Praxis eng miteinander verzahnt. Daher richtet sich dieser Leitfaden sowohl an Studierende als auch an Lehrende.

Studierenden bietet er konkrete Werkzeuge und Methoden zur Gestaltung eigener Forschungsprojekte. Checklisten, Merksätze, Reflexionsfragen und Praxisbeispiele begleiten Schritt für Schritt durch den gesamten Forschungsprozess – von der Entwicklung einer Forschungsfrage über das methodische Vorgehen bis hin zur Reflexion und Anwendung der Ergebnisse. Lehrende erhalten eine praxisverbindende Handreichung, die didaktische Konzepte wie forschendes Lernen, problembasiertes Lernen sowie die Integration digitaler Werkzeuge und Künstlicher Intelligenz systematisch aufbereitet. Dadurch erhalten sie Impulse, wie Studierende gezielt und wirksam bei der Entwicklung ihrer Forschungskompetenz unterstützt werden können. Dieser Band der FOM-Edition Studium kompakt leistet somit in zweifacher Weise einen wertvollen Beitrag, damit effektives Forschen im Studium bestmöglich gelingen kann.

Katrin Keller
Kathrin Bieler

Inhaltsverzeichnis

Über die Autorinnen

Prof. Dr. Katrin Keller ist als Prorektorin Lehre sowie Professorin für Gesundheitspädagogik und Personalentwicklung an der FOM Hochschule tätig. Sie weist langjährige Beratungs-, Coaching- und Trainingserfahrungen in den Bereichen Führung, Kommunikation und Personal- sowie Organisationsentwicklung auf. Ihr Leitmotiv „Menschlich denken – unternehmerisch handeln" zieht sich wie ein roter Faden durch ihre Tätigkeiten.

Prof. Dr. Kathrin Bieler ist als Professorin für Soziale Arbeit an der FOM Hochschule tätig. Dort ist sie stellv. Vorsitzende der Forschungs-Ethikkommision. Ihre Forschungsschwerpunkte liegen in der Sozialen Gerontologie, der Kompetenzentwicklung von Fachkräften sowie der Förderung von Teilhabe und Selbstbestimmung im Alter. Sie verbindet wissenschaftliche Analyse mit praxisorientierter Konzeptentwicklung im Sozial- und Gesundheitswesen.

1 Einleitung: Forschungskompetenz als Schlüsselqualifikation im Studium

Forschung geht weit über ein rein akademisches Ziel hinaus: Sie eröffnet die Möglichkeit, komplexe Phänomene zu verstehen, praxisnahe Probleme aufzugreifen und gesellschaftliche Transformationsprozesse kritisch zu begleiten. Studierende stehen dabei oft vor der Herausforderung, eine wissenschaftliche Abschlussarbeit mit klarem Praxisbezug zu verfassen – ein Prozess, der nicht nur als Prüfungsleistung, sondern vor allem als Lern- und Entwicklungsfeld verstanden werden sollte. In diesem Zusammenhang rückt die Frage in den Mittelpunkt, wie Forschungskompetenz gezielt, praxisnah und wirksam gefördert werden kann.

Ziel ist es, systematisch herauszuarbeiten, welche Ansätze und Methoden die Förderung von Forschungskompetenz unterstützen und wie Studierende befähigt werden können, den gesamten Forschungsprozess eigenständig zu gestalten – von der Entwicklung einer Fragestellung über die methodische Umsetzung bis zur Reflexion und Anwendung der Ergebnisse. Forschung wird dabei als Prozess verstanden, der Probleme mit wissenschaftlichen Theorien verknüpft, kritisch diskutiert und Erkenntnisse in praxisrelevante Kontexte überführt. Das Buch richtet sich sowohl an Studierende, die Orientierung für eigene Forschungsprojekte suchen, als auch an Lehrende, die Impulse für eine wirksame didaktische Begleitung wünschen.

Die Grundlage bilden aktuelle empirische Studien, theoretische Modelle und didaktische Konzepte, deren praktische Anwendbarkeit analysiert und kritisch eingeordnet wird, sodass Leserinnen und Leser konkrete Orientierung für Forschung und Lehre erhalten. Schwerpunkte liegen auf Formaten wie forschendem und problembasiertem Lernen sowie auf der Integration digitaler Werkzeuge und Künstlicher Intelligenz. Ergänzend wird die Bedeutung ethischer Aspekte und systematischer Qualitätssicherung betont, um Forschungskompetenz methodisch wie verantwortungsvoll zu fördern.

K. Keller, K. Bieler, *Wirksam forschen im Studium*, FOM-Edition,
https://doi.org/10.1007/978-3-658-50970-5_1

Der aktuelle Forschungsstand zeigt, dass forschungsnahe didaktische Ansätze wirksame Wege der Kompetenzentwicklung eröffnen, eigenständiges Denken anregen und Theorie und Praxis verbinden. Zugleich wird deutlich, dass ihre Umsetzung mit Herausforderungen verbunden ist: fehlende Vorkenntnisse, Unsicherheiten bei der Formulierung von Forschungsfragen, Schwierigkeiten in der systematischen Verknüpfung von Theorie und Praxis sowie die Notwendigkeit klarer ethischer Orientierung. Diese zentralen Hürden werden im Buch ausführlich behandelt.

Diese FOM-Edition Studium kompakt gliedert sich in insgesamt sieben Kapitel: Kap. 2 legt die theoretischen Grundlagen der Forschungskompetenz dar. Kap. 3 beschreibt Forschung als dynamischen Prozess und arbeitet Merkmale effektiver Forschung heraus. Kap. 4 analysiert methodische Ansätze zur Entwicklung von Forschungskompetenz, insbesondere forschendes Lernen, problembasiertes Lernen und die Integration digitaler Werkzeuge. Kap. 5 diskutiert Herausforderungen und Erfolgsfaktoren und zeigt, wie Hürden überwunden, Qualität gesichert und Best Practices etabliert werden können. Kap. 6 bündelt die zentralen Ergebnisse und eröffnet Perspektiven für die Weiterentwicklung von Forschungskompetenz in der Hochschullehre.

Ergänzend gibt es ein praxisorientiertes Kap. 7, das den sogenannten *Forschungskreis* als Leitfaden zum eigenständigen Arbeiten vorstellt. Dieses Instrument dient Studierenden als Orientierungshilfe, um den gesamten Forschungsprozess – von der Themenfindung über die Entwicklung der Forschungsfrage bis zur Reflexion der Ergebnisse – systematisch zu planen und zu dokumentieren. Der Forschungskreis verdeutlicht, dass Forschung ein dynamischer und zyklischer Prozess ist, der sich in wiederkehrenden Etappen entfaltet. Durch die Möglichkeit, den Kreis individuell auszufüllen und an die eigene Arbeit anzupassen, wird Forschungskompetenz nicht nur theoretisch vermittelt, sondern aktiv erfahrbar gemacht. Damit bildet das Kapitel eine Brücke zwischen den theoretischen Grundlagen des Buches und der konkreten Umsetzung wissenschaftlicher Projekte im Studium.

2 Forschungskompetenz als Schlüsselqualifikation: Grundlagen, Modelle und empirische Befunde

Forschungskompetenz bedeutet weit mehr als Methoden zu kennen, sie beinhaltet auch kritische Reflexion. Forschungskompetenz entwickelt sich so zu einer Haltung, die wissenschaftliches Denken, kritisches Urteilen und verantwortungsbewusstes Handeln verbindet.

Studien belegen, dass Studierende besonders in den Bereichen Methodenkompetenz, Forschungsethik und Praxistransfer einen hohen Entwicklungsbedarf haben. Zugleich wird gezeigt, wie forschungsorientierte Lehrangebote, Projektseminare und Aktionsforschungsprojekte helfen können, diese Kompetenzen gezielt zu fördern.

Für Studierende wird deutlich: Forschungskompetenz ist kein statisches Wissen, sondern entwickelt sich *prozessorientiert* durch die Verbindung von Theorie, Praxis und Reflexion. Wer diese Fähigkeit aufbaut, kann nicht nur wissenschaftliche Arbeiten erfolgreich meistern, sondern wird auch im späteren Berufsleben davon profitieren.

2.1 Definition, Dimensionen und Bedeutung von Forschungskompetenz: mehr als Methodenkenntnis

Forschungskompetenz stellt in den Geistes-, Bildungs- und Sozialwissenschaften, aber auch in vielen weiteren Disziplinen, ein zentrales Konstrukt dar. Sie integriert theoretisches, methodisches und praktisches Wissen und umfasst die Fähigkeit,

K. Keller, K. Bieler, *Wirksam forschen im Studium*, FOM-Edition,
https://doi.org/10.1007/978-3-658-50970-5_2

wissenschaftliche Fragestellungen systematisch zu entwickeln, Forschungsergebnisse kritisch zu reflektieren und empiriebasierte Analysen planvoll durchzuführen (vgl. Boles, 2025; Besa et al., 2023). In der Literatur wird betont, dass Forschungskompetenz weit über Methodenkenntnis oder Recherchefähigkeiten hinausgeht. Sie schließt auch die Ableitung praxisrelevanter Anwendungen aus wissenschaftlichen Erkenntnissen sowie deren kritische Diskussion im gesellschaftlichen und professionellen Kontext ein (vgl. Besa et al., 2023). Damit ergibt sich die Notwendigkeit, eine integrative Perspektive einzunehmen, die die enge Beziehung zwischen Theorie und Praxis betont.

Forschungskompetenz zählt zu den zentralen Schlüsselqualifikationen im Studium. Sie umfasst weit mehr als das Beherrschen einzelner Methoden. Gemeint ist die Fähigkeit, eigenständig Fragen zu entwickeln, Daten systematisch zu erheben, Ergebnisse kritisch zu reflektieren und diese sowohl in einen theoretischen als auch in einen praktischen Zusammenhang einzuordnen. Damit wird Forschungskompetenz zu einer Haltung: Sie bedeutet, Phänomene nicht einfach hinzunehmen, sondern sie kritisch zu hinterfragen, neue Perspektiven einzunehmen und wissenschaftlich fundierte Antworten zu suchen (vgl. Flick, 2016).

Im Hochschulkontext zeigt sich Forschungskompetenz darin, dass Studierende in der Lage sind, komplexe Themen zu strukturieren, Theorie und Praxis zu verknüpfen und zugleich einen eigenen Beitrag zum wissenschaftlichen Diskurs zu leisten. Wer diese Fähigkeit entwickelt, kann nicht nur eine Seminar- oder Abschlussarbeit erfolgreich verfassen, sondern bringt auch Kompetenzen mit, die im späteren Berufsleben von Bedeutung sind. Forschungskompetenz befähigt dazu, Probleme systematisch zu analysieren, Entscheidungen zu begründen und Lösungen kritisch zu reflektieren (vgl. Döring, 2023).

Beispiel

Eine Bachelorstudentin der Sozialen Arbeit beobachtete in ihrem Praxissemester in einer Jugendhilfeeinrichtung, dass Regeln zur Nutzung sozialer Medien immer wieder zu Konflikten führten. Sie entwickelte daraus eine Forschungsfrage, führte Interviews mit Jugendlichen und Fachkräften und konnte zeigen, wo die größten Spannungsfelder lagen. Ihre Ergebnisse boten nicht nur wissenschaftliche Erkenntnisse, sondern halfen der Einrichtung, Regeln verständlicher zu kommunizieren und gemeinsam mit den Jugendlichen auszuhandeln. Forschungskompetenz zeigte sich hier als Brücke zwischen Praxisproblem, theoretischer Reflexion und konkreter Verbesserung. ◄

Um die Vielschichtigkeit von Forschungskompetenz greifbarer zu machen, lassen sich sechs verschiedene Dimensionen unterscheiden: Problemherleitung und theoretische Fundierung (01 kognitive Kompetenz), Forschungsplanung mit der Datenerhebung, -auswertung und -darstellung (02 praktische Kompetenz), Reflexion und kritische Perspektive auf die eigenen Daten (03 reflexive Kompetenz) und die Kommunikation der Ergebnisse (04 kommunikative Kompetenz). Diese werden im vorliegenden Modell des KompetenzRades (siehe Abb. 2.1) mit der Future-Skills-Kompetenz – erweitert durch eine spezifische KI-Kompetenz (05) – und ethische Kompetenz (06) ergänzt.

Die Future-Skills in Verbindung mit der KI-Kompetenz bereichern dieses Modell um die Fähigkeit, Forschung in gesellschaftliche Transformationsprozesse wie Digitalisierung, Nachhaltigkeit oder Globalisierung einzuordnen und digitale Werkzeuge reflektiert einzusetzen. Das bedeutet, Chancen wie Effizienzsteigerung zu nutzen, gleichzeitig aber Risiken wie unkritische Übernahmen oder Verzerrungen zu vermeiden. Schließlich ergänzt die ethische Kompetenz das KompetenzRad. Forschung ist immer auch Verantwortung: Sie muss respektvoll mit Teilnehmenden umgehen, Datenschutz berücksichtigen und mögliche Folgen für Individuen und Gesellschaft reflektieren.

Das KompetenzRad zeigt, dass Forschungskompetenz nur dann erreicht werden kann, wenn kognitives Wissen, praktische Fähigkeiten, reflexive Haltung, kommunikative Stärke, Zukunftsorientierung, digitale Souveränität und ethisches Bewusstsein miteinander verbunden werden. Für Studierende bietet dieses Modell eine anschauliche Orientierung, die sowohl zur Selbstreflexion als auch zur Planung und Durchführung eigener Forschungsarbeiten genutzt werden kann.

▶ **Merksatz** Forschungskompetenz entsteht im Zusammenspiel von Wissen, Handeln, Reflexion, Kommunikation, Zukunftsorientierung, digitaler Souveränität und ethischem Bewusstsein. Sie ist die Grundlage für wirksames und verantwortungsvolles Forschen im Studium und darüber hinaus.

Abb. 2.1 Forschungskompetenz: Modell des KompetenzRades

Checkliste: Wie sieht meine eigene Forschungspraxis aus?
Diese Checkliste unterstützt dabei, die eigene Forschungspraxis kritisch zu überprüfen und gezielt weiterzuentwickeln. Verfassen Sie zu jedem Punkt eine kurze Begründung, wie Sie ihn in Ihrer Arbeit erfüllen.

- Habe ich eine eigenständige, präzise Forschungsfrage formuliert und deren Relevanz begründet?
- Habe ich mein Forschungsdesign aus der Frage abgeleitet und nachvollziehbar begründet (Methodenwahl, Stichprobe, Auswertung)?
- Habe ich zentrale Begriffe theoretisch geklärt und – wo nötig – operationale Kriterien festgelegt?
- Habe ich die Datenerhebung und -auswertung transparent dokumentiert, sodass der Prozess nachvollziehbar ist?
- Habe ich meine Ergebnisse kritisch reflektiert (Grenzen, Alternativerklärungen, Implikationen für Theorie und Praxis)?
- Habe ich meine Erkenntnisse adressatengerecht aufbereitet (wissenschaftliche Argumentation, verständliche Darstellung für die Praxis)?
- Habe ich – wo eingesetzt – digitale bzw. KI-gestützte Werkzeuge reflektiert genutzt und ihre Grenzen offengelegt?
- Habe ich die ethischen Anforderungen meines Projekts beachtet (Datenschutz, Einwilligungen, Fairness, mögliche Folgen)?

Empirische Untersuchungen zeigen, dass Studierende insbesondere in den Bereichen Methodenkompetenz, Forschungsethik und Praxistransfer einen erhöhten Lernbedarf wahrnehmen. Von insgesamt 27 identifizierten Teilkompetenzen werden 15 als besonders entwicklungsbedürftig beschrieben, darunter das eigenständige Formulieren von Forschungsfragen und der reflektierte Umgang mit Ergebnissen (vgl. Boles, 2025). Diese Erkenntnisse legen nahe, dass bestehende Studienangebote stärker auf die individuellen Entwicklungsbedarfe der Studierenden abgestimmt werden sollten, um eine differenziertere Förderung zu ermöglichen. Gleichzeitig stellt sich die Frage, inwiefern bestehende Lehr-Lern-Formate bereits ausreichend auf die Förderung solcher Kompetenzen ausgerichtet sind. Dies verdeutlicht die zentrale Rolle einer kontinuierlichen Curriculumsentwicklung, die auf empirisch fundierten Erkenntnissen basiert.

Ein weiterer zentraler Aspekt der Forschungskompetenz ist die Entwicklung eines wissenschaftsreflexiven Habitus, der es ermöglicht, Forschung kontinuierlich auf ihre Gültigkeit, Relevanz und ethische Vertretbarkeit hin zu hinterfragen, anstatt lediglich etablierte Methoden anzuwenden (vgl. Lüdders & Zeeb, 2020). Diese Perspektive wirft die Frage auf, wie ein solcher Habitus am effektivsten gefördert werden kann und welche Rolle hierbei die institutionellen Rahmenbedingungen spielen. Auch stellt sich die Herausforderung, diesen Reflexionsprozess in die alltägliche Lehre zu integrieren, ohne dabei die Studierenden mit zu hohen Ansprüchen zu überfordern.

Die Validität der eingesetzten Testinstrumente wurde in mehreren Studien durch konfirmatorische Faktorenanalysen und Faktorenmodelle nachgewiesen (vgl. Haberfellner, 2016; Boles, 2025). Damit wird die Aussagekraft der erhobenen Kompetenzprofile gestützt und es eröffnet sich die Möglichkeit, die Ergebnisse gezielt für die praxisnahe Förderung zu nutzen. Entscheidend ist jedoch, dass diese Instrumente regelmäßig überprüft, weiterentwickelt und an neue Anforderungen angepasst werden, um ihre Relevanz langfristig sicherzustellen.

Empirische Befunde zeigen Unterschiede zwischen Studiengängen: Studierende nicht-lehramtsbezogener Fächer schätzen ihre Kompetenzen in Recherche, Methoden und Fachwissen höher ein als Lehramtsstudierende (vgl. Besa et al., 2023); innerhalb der Lehramtsausbildung schneiden Sekundarstufe-II-Studierende besser ab. Daraus ergibt sich der Bedarf, Fördermaßnahmen gezielt an Ausgangslagen und Berufsziele anzupassen. Forschungskompetenz stärkt nicht nur individuelle Handlungsfähigkeit, sondern fördert auch die gesellschaftliche Relevanz wissenschaftlicher Erkenntnisse – als entwicklungsorientiertes Konstrukt, das durch praxisnahe Lernprozesse wächst.

2.2 Wege zur Entwicklung von Forschungskompetenz im Studium: curriculare und praxisnahe Ansätze

Forschungskompetenz ist ein zentraler Bestandteil akademischer Ausbildung und erfordert die Integration von Forschungsmethoden in curriculare und extracurriculare Formate. Forschungsorientierte Module ermöglichen den systematischen Erwerb wissenschaftlicher Arbeitsweisen (vgl. Boles, 2025). Ergänzend fördern außeruniversitäre Programme wie Aktionsforschungsprojekte praxisnahe Erfahrungen und differenzierte Kompetenzprofile. Im Bereich DaF-Didaktik zeigten solche Programme signifikante Verbesserungen in Selbsteinschätzung und Testergebnissen (vgl. Boles, 2025). Dies belegt die Wirksamkeit kombinierter Förderstrategien.

▶ **Merksatz** Forschungskompetenz entsteht nicht über Nacht – sie entwickelt sich schrittweise durch Übung, Reflexion und Anwendung in realen Kontexten.

Ein weiterer Fokus liegt auf der langfristigen Sicherung des Kompetenzerwerbs, der stark durch praxisorientierte Ansätze und partizipative Formate beeinflusst wird. Die Einbindung von Partnerinnen und Partnern aus der Praxis in Forschungsprojekte stellt eine effektive Brücke zwischen theoretischem Wissen und praktischer Anwendung dar. Empirische Befunde belegen, dass diese Kooperationen nicht nur die Relevanz und Authentizität der Forschung erhöhen, sondern auch die Selbstwirksamkeitserwartung der Studierenden fördern (vgl. Hartmann & Kunter, 2022). Formate wie Brokering (also die gezielte Vermittlung zwischen wissenschaftlichen Erkenntnissen und praktischer Anwendung) oder kontinuierliche Projektmitarbeit fördern einen dynamischen Austausch, der Motivation und Transferfähigkeit steigert. Dabei variiert die Gestaltung der Kooperationen von punktuellen Interventionen bis hin zu längerfristigen Partnerschaften, wodurch unterschiedliche Reflexions- und Handlungsspielräume geschaffen werden können, die auf die spezifischen Bedürfnisse der Zielgruppen abgestimmt sind.

▶ **Merksatz** Theorie und Praxis sind keine Gegensätze, sondern ergänzen sich gegenseitig. Erst ihre Verknüpfung macht Forschung im Studium nachhaltig wirksam.

Die Motivation und Identifikation der Studierenden mit wissenschaftlicher Forschung wird maßgeblich durch die subjektive Sinnorientierung und die Bedeutsamkeit eigener Forschungsfragen beeinflusst. Die Möglichkeit, persönliche Praxiserfahrungen in die Entwicklung wissenschaftlicher Fragestellungen einzubringen, steigert nachweislich die Lernbereitschaft und das Interesse an forschungsbezogenen Aufgaben (vgl. Weyland, 2019). Wie Studien zeigen, werden solche Aufgaben als besonders lernförderlich wahrgenommen, wenn sie eine sinnvolle Verbindung zum beruflichen oder persönlichen Handlungsfeld aufweisen. Fehlt diese Orientierung, kann dies zu Desinteresse und einer erhöhten Belastung führen, wie unter anderem die niedrige Wertschätzung von Forschungsaufgaben bei einer Stichprobe von Studierenden in Flensburg verdeutlicht (vgl. Weyland, 2019). Um dem entgegenzuwirken, sollten Lehr-Lern-Formate verstärkt darauf abzielen, individuelle Interessen und Erfahrungen der Studierenden aufzugreifen und in die Entwicklung von Forschungsfragen zu integrieren.

Die Verzahnung von Forschung und institutioneller Praxis eröffnet neue Perspektiven für reflektiertes und anwendungsbezogenes Lernen. Besonders transferorientierte Forschungsprojekte, wie die Entwicklung von Diagnoseinstrumenten oder innovative Hospitationsformate, demonstrieren eindrucksvoll, wie wissenschaftliche Konzepte praxisrelevant gestaltet werden können (vgl. Bietz et al., 2020). Feedbackprozesse, wie z. B. Lernentwicklungsgespräche, fördern die Reflexionsfähigkeit und Handlungskompetenz aller Beteiligten und schaffen nachhaltige Strukturen für den Wissenstransfer zwischen Wissenschaft und Praxis (vgl. Bietz et al., 2020). Solche integrativen Ansätze tragen nicht nur zur Professionalisierung der Teilnehmenden bei, sondern generieren auch innovative Instrumente, die zur Weiterentwicklung institutioneller Praxis beitragen.

Checkliste: Wie entwickle ich meine Forschungskompetenz?

- Habe ich ein Verständnis dafür entwickelt, wie Forschungskompetenz in meinem Studiengang aufgebaut wird?
- Nutze ich gezielt curriculare Angebote (Seminare, Methodenmodule, Abschlussarbeiten), um meine Kompetenzen zu erweitern?
- Habe ich an praxisorientierten Formaten teilgenommen (z. B. Projektseminare, forschendes Lernen, Praxisforschung)?
- Habe ich Feedback von Lehrenden oder Praxispartnerinnen und -partnern in meine Entwicklung einbezogen?
- Setze ich mir eigene Lernziele, um meine Forschungskompetenz kontinuierlich auszubauen?

Die Heterogenität der Ausgangslagen und Bedarfe verschiedener Studiengänge sowie Statusgruppen spielt eine entscheidende Rolle bei der Entwicklung von Forschungskompetenz. Empirische Untersuchungen zeigen, dass gerade Lehramtsstudierende im Vergleich zu anderen Gruppen geringere Kompetenzzuwächse verzeichnen, insbesondere in Bereichen wie Methoden- und Recherchekompetenz (vgl. Leithwood et al., 2004; Boles, 2025). Dabei sind erhebliche Unterschiede innerhalb der Lehramtsstudiengänge festzustellen, wobei Studierende der Sekundarstufe II deutliche Vorteile aufweisen. Solche Befunde weisen darauf hin, dass es notwendig ist, Fördermaßnahmen gezielt auf die spezifischen Bedürfnisse der verschiedenen Studiengänge abzustimmen. Neben curricularen Anpassungen sollten auch die Berufsziele und Praxiserwartungen der Studierenden stärker berücksichtigt werden, um eine ihrem individuellen Profil entsprechende Kompetenzentwicklung zu gewährleisten.

Reflexionsfragen

- Welche Erfahrungen aus meinem Studium haben meine Forschungskompetenz am stärksten gefördert – eher theoretische Seminare oder praxisnahe Projekte?
- Wie könnte ich beides noch besser miteinander verbinden?

Forschungskompetenz entsteht im Hochschulkontext durch mehrere gezielt aufeinander abgestimmte Aspekte, die curriculare und praxisorientierte Ansätze ebenso berücksichtigen wie die individuellen Bedürfnisse der Studierenden. Dadurch kann Forschungskompetenz nachhaltig gefördert und langfristig im akademischen Selbstverständnis verankert werden. Dies bildet die Grundlage für eine zukunftsorientierte Wissenschafts- und Berufsausbildung, die sowohl den Anforderungen der Praxis entspricht als auch die wissenschaftliche Reflexionsfähigkeit künftiger Fachkräfte stärkt.

Effektive Forschung gestalten – Merkmale, Theorie-Praxis-Verknüpfung und ethische Dimensionen

3

Kap. 3 widmet sich den zentralen Voraussetzungen effektiver Forschung im Studium. Forschung kein lineares Projekt, sondern ein dynamischer und insbesondere reflexiver Prozess, der durch klare Problemorientierung, methodische Systematik und sinnstiftende Fragestellungen geprägt ist. Die Verknüpfung von Theorie und Praxis bildet dabei eine Schlüsselrolle, da sie nicht nur die Motivation der Studierenden steigert, sondern auch die Transferfähigkeit wissenschaftlicher Erkenntnisse in konkrete Handlungsfelder ermöglicht. Besonderes Gewicht erhält die Auseinandersetzung mit ethischen Dimensionen, die sich durch alle Phasen des Forschungsprozesses ziehen – von der Themenwahl bis zur Publikation. Anhand empirischer Befunde, praxisnaher Beispiele und didaktischer Instrumente wird verdeutlicht, wie Studierende Forschungskompetenz entwickeln, reflektieren und verantwortungsvoll anwenden können. Damit bietet das Kapitel sowohl theoretische Orientierung als auch praktische Hilfestellungen für die Gestaltung effektiver Forschungsprozesse im Hochschulkontext.

3.1 Forschung als Prozess: Merkmale effektiven Vorgehens

Wirksame Forschung stellt ein zentrales Element im Bereich der Wissenschaft dar, da sie das Potenzial bietet, praxisrelevante Probleme mit wissenschaftlich-theoretischen Perspektiven zu verknüpfen und gleichzeitig praxisnahe Lösungen zu generieren. Der Ausgangspunkt jeder wirksamen Forschung liegt in der präzisen Identifikation eines beobachtbaren, praxisbezogenen Problems. Diese Problemorientierung bildet die Grundlage für die Verknüpfung mit bestehenden Theorien

K. Keller, K. Bieler, *Wirksam forschen im Studium*, FOM-Edition,
https://doi.org/10.1007/978-3-658-50970-5_3

und wissenschaftlichen Modellen, die wiederum die Relevanz und Anwendbarkeit der Forschung sichern (vgl. Boles, 2025).

Die Herausforderung besteht jedoch darin, sicherzustellen, dass diese Problemstellungen nicht einseitig oder oberflächlich gewählt werden, sondern sich aus einer intensiven Auseinandersetzung mit der Praxis und ihren spezifischen Anforderungen ableiten. Nur so kann gewährleistet werden, dass die Forschung nicht in rein theoretische Betrachtungen abgleitet, sondern konkrete Lösungen und Handlungsoptionen bietet. Eine kritische Betrachtung zeigt allerdings, dass in der Praxis die klare Formulierung solcher Problemlagen oft durch unzureichende Vorkenntnisse oder ein mangelndes Verständnis für die Erwartungen der Akteurinnen und Akteure aus der Praxis erschwert wird.

Ein weiteres zentrales Merkmal wirksamer Forschung ist die methodische Systematik, die sicherstellt, dass Forschungsergebnisse nachvollziehbar, replizierbar und überprüfbar sind. Empirische Studien (vgl. Boles, 2025) unterstreichen die Bedeutung einer bewussten Distanzierung von unreflektierter Alltagsintuition und subjektivem Erfahrungswissen. Die methodische Fundierung der Forschung ist somit nicht nur ein Qualitätsmerkmal, sondern auch eine Bedingung für ihre Akzeptanz in der wissenschaftlichen Gemeinschaft. Es stellt sich jedoch die Frage, inwieweit Studierende in der Lage sind, diese methodische Stringenz in ihren Forschungsprojekten zu gewährleisten, insbesondere wenn sie gleichzeitig mit den Herausforderungen einer praxisnahen Umsetzung konfrontiert sind. Die methodische Schulung und die Vermittlung eines wissenschaftlichen Habitus, der Reflexion und Systematik betont, müssen daher integraler Bestandteil des Studiums sein, um den Ansprüchen wirksamer Forschung gerecht zu werden.

Viele Studierende erleben Forschung zunächst als ein klar abgegrenztes Projekt: Thema finden, Arbeit schreiben, abgeben, fertig. Doch Forschung funktioniert nicht wie eine lineare Checkliste. Sie ist ein Prozess, der in einzelnen Schritten verläuft – und diese Schritte wiederholen sich häufig, sobald neue Erkenntnisse gewonnen werden. Forschung ist daher ein Kreislauf, kein Produkt, das am Ende „fertig“ ist (vgl. Lamnek & Krell, 2024). Flick (2016) betont, dass Forschen eine „dynamische und iterative Bewegung“ ist, bei der Problemdefinition, Methodenwahl, Datenerhebung und -auswertung stets aufeinander zurückwirken. Döring (2023) unterstreichen in diesem Zusammenhang, dass Forschung mehr ist als das bloße Abarbeiten von Schritten – sie ist ein reflexiver Vorgang, der ständige Anpassungen erfordert (siehe Abb. 3.1).

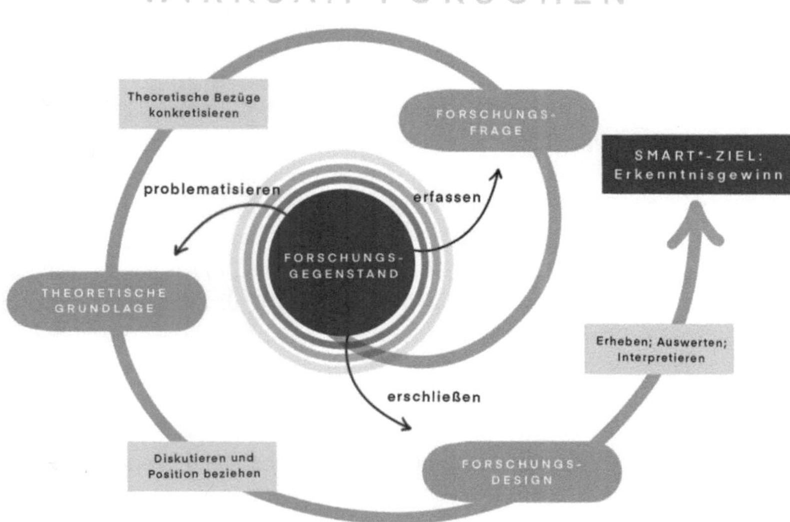

Abb. 3.1 Forschungskreis „Effektiv forschen als Prozess“

Zentrale Begriffe des Forschungskreises

- **Forschungsgegenstand:** Das „Was“ der Untersuchung – also das konkrete Phänomen, das erforscht werden soll (z. B. digitale Lernplattformen an Schulen). Der Gegenstand ist zunächst breit gefasst und wird im Verlauf präzisiert (vgl. Lamnek & Krell, 2024).
- **Forschungsfrage:** Macht aus einem Thema eine gezielte Fragestellung. Sie ist präzise, beantwortbar und führt zu einem Erkenntnisgewinn.
- **Theoretische Operationalisierung:** Theorien liefern das „Warum“ einer Arbeit. Abstrakte Begriffe werden in beobachtbare Kriterien übersetzt (vgl. Flick, 2016).
- **Forschungsdesign:** Beschreibt den „Fahrplan“ der Arbeit, also Methodenwahl, Auswahl der Untersuchungseinheiten und Planung der Auswertung (vgl. Döring, 2023).
- **Erkenntnisziel:** Formuliert das „Wozu“ einer Arbeit, also welchen Beitrag sie leisten soll – etwa zum besseren Verständnis eines Phänomens oder zur Lösung praktischer Probleme.

Im Zentrum steht der Forschungsgegenstand – das Thema oder Phänomen, das untersucht werden soll. Rundherum entfaltet sich der Forschungsprozess in mehreren Etappen:

1. **Forschungsfrage entwickeln:** Ausgehend vom Forschungsgegenstand wird das Interesse zu einer klaren Frage präzisiert. Diese sollte nach den SMART-Kriterien formuliert sein: spezifisch, messbar, attraktiv/akzeptiert, realistisch und terminiert. Ziel ist nicht „irgendetwas herausfinden", sondern ein klarer Erkenntnisgewinn (vgl. Döring, 2023).
2. **Forschungsdesign festlegen:** Hier wird entschieden, mit welchen Methoden die Frage beantwortet werden kann. Dazu gehört die Planung der Datenerhebung, -auswertung und -interpretation. Ein durchdachtes Design dient als Fahrplan der Arbeit.
3. **Theoretische Grundlagen einbeziehen:** Jede Untersuchung muss sich in bestehende Forschungsdiskurse einordnen. Theorie ist kein Selbstzweck, sondern eine notwendige Brille, um das Thema zu strukturieren und die Ergebnisse einzuordnen (vgl. Flick, 2016).
4. **Problematisieren und konkretisieren:** Es wird geklärt, warum das Thema relevant ist. Welche offenen Fragen bestehen? Welche Entwicklungen in Praxis oder Gesellschaft machen es bedeutsam?
5. **Diskutieren und Position beziehen:** Forschungsergebnisse haben Konsequenzen – für wissenschaftliche Theorien, aber auch für die Praxis. Dazu gehört es, die eigene Position klar zu formulieren, Grenzen zu benennen und kritisch zu reflektieren (vgl. Lamnek & Krell, 2024).

Der Forschungskreis ist dabei keine starre Reihenfolge. Forschung ist dynamisch: Manchmal wird die Forschungsfrage erst nach der Datenerhebung geschärft, oder die Literaturrecherche bringt neue Aspekte hervor, die das Design verändern. Effektive Forschung ist kein Sprint, sondern ein Kreislauf – jeder Schritt baut auf dem vorherigen auf und führt wieder zurück zum Forschungsgegenstand.

Beispiel

Eine Masterstudentin der Sozialen Arbeit untersuchte, wie Bewohnerinnen und Bewohner in einer Pflegeeinrichtung Kommunikationsregeln wahrnehmen. Aus dem Forschungsgegenstand „Kommunikation im Pflegeteam" entwickelte sie die Forschungsfrage: „Wie erleben Pflegekräfte und Bewohner die Verständigungsprozesse im Alltag?" Durch Interviews und eine anschließende qualitative Inhaltsanalyse konnte sie zeigen, wo Kommunikationsprobleme entstehen – und lieferte zugleich konkrete Vorschläge zur Verbesserung. ◄

> **Merksatz** Forschung ist kein Produkt, sondern ein Prozess: Sie verläuft dynamisch, wiederholt sich in Schleifen und führt Schritt für Schritt zu einem Erkenntnisgewinn.

Checkliste: Merkmale wirksamer Forschung
- Habe ich ein praxisrelevantes Problem klar und nachvollziehbar identifiziert?
- Ist meine Forschungsfrage präzise formuliert und nach den SMART-Kriterien überprüfbar?
- Passt mein Forschungsdesign (Methode, Stichprobe, Auswertung) zur Forschungsfrage und ist es nachvollziehbar dokumentiert?
- Habe ich die theoretische Grundlage klar herausgearbeitet und zentrale Begriffe operationalisiert?
- Ist meine Forschung methodisch systematisch aufgebaut, sodass Ergebnisse überprüfbar und replizierbar sind?
- Habe ich meine Forschung als dynamischen Prozess verstanden und bin bereit, Schritte bei Bedarf zu überarbeiten?
- Beziehe ich aktiv Partnerinnen und Partner aus der Praxis oder Betroffene in den Forschungsprozess ein, wo es sinnvoll ist?
- Habe ich ethische Fragen berücksichtigt (Datenschutz, Fairness, Verantwortung gegenüber Teilnehmenden)?
- Ist die Forschungsfrage für mich selbst bedeutsam und motivierend?
- Habe ich am Ende nicht nur Ergebnisse dargestellt, sondern auch ihre Konsequenzen kritisch reflektiert?

3.2 Von der Theorie zur Anwendung: Effektive Praxisanbindung in Forschungsprojekten

Die Verbindung von Theorie und Praxis ist ein zentrales Element bei der Entwicklung von Forschungskompetenz. Besonders dann, wenn reale und beobachtbare Probleme aus der Lebens- oder Arbeitswelt aufgegriffen werden, entsteht eine stärkere Identifikation mit der eigenen Forschung. Diese Verknüpfung steigert die Motivation, da die Relevanz der Fragestellungen unmittelbar erfahrbar wird. Aktionsforschungsprogramme zeigen zudem, dass eine gezielte Verzahnung von Theorie und Praxis nicht nur die Selbsteinschätzung der Forschungskompetenz verbessert, sondern auch differenzierte Kompetenzprofile entstehen lässt (vgl. Boles, 2025).

Gleichzeitig bleibt zu prüfen, ob praxisnahe Forschungsgegenstände systematisch ausgewählt und in die Hochschullehre integriert werden können, um sowohl didaktische als auch inhaltliche Ziele nachhaltig zu erreichen.

Ein zentraler Baustein ist die Anwendung wissenschaftlicher Methoden und theoretischer Modelle auf konkrete Praxisfelder. Werden empirische Untersuchungen direkt im Arbeits- oder Lebensumfeld der Studierenden durchgeführt, entstehen praxisorientierte Handlungsempfehlungen und ein erweiterter Blick auf gesellschaftlich relevante Probleme. Forschungskompetenz zeigt sich dabei als Zusammenspiel von Wissen, Reflexion und Handlung. Herausfordernd bleibt jedoch, die Aufgaben so zu gestalten, dass ihre Komplexität nicht überfordert – insbesondere bei Studierenden mit wenig Erfahrung in empirischer Praxis.

Praxisnahe Forschungssettings, wie sie im forschenden Lernen oder in projektbasierten Lehrveranstaltungen umgesetzt werden, haben sich als besonders effektiv erwiesen. Hier können theoretische Kenntnisse unmittelbar angewandt werden, was sowohl Motivation als auch Transferfähigkeit steigert (vgl. Klewin & Tillmann, 2019). Solche Formate fördern methodische und reflexive Kompetenzen und gewinnen durch gezielte Rückmeldungen von Lehrenden zusätzlich an Wirksamkeit. Allerdings gehen sie oft mit einem hohen Betreuungsaufwand einher, der organisatorische und personelle Ressourcen erfordert.

Die aktive Beteiligung von Studierenden an Forschungs- und Entwicklungsprojekten – wie etwa am Oberstufen-Kolleg – zeigt deutlich, dass Praxisbezug ein entscheidender Motor für Eigenständigkeit und Selbstwirksamkeit ist (vgl. Klewin & Tillmann, 2019).

Durch den direkten Kontakt mit Praktikerinnen und Praktikern entstehen Rückkopplungsschleifen, die nicht nur den Wissenstransfer sichern, sondern auch eine nachhaltige Kompetenzentwicklung ermöglichen. Gleichzeitig bleibt offen, wie solche Formate strukturell auf eine breitere Zielgruppe ausgeweitet werden können.

Praxisforschung als leitender Ansatz eröffnet eine doppelte Perspektive: Einerseits fördert sie die theoretische Weiterentwicklung, andererseits ermöglicht sie praxisnahe Lösungsstrategien. In Zusammenarbeit mit Partnerinnen und Partnern aus der Praxis entwickeln Studierende Forschungsfragen, erproben Methoden und leiten Handlungsmöglichkeiten ab (vgl. Moser, 2018). Solche partizipativen Formate stoßen jedoch häufig an organisatorische oder zeitliche Grenzen, sodass eine systematische institutionelle Unterstützung notwendig ist.

Beispiele aus der partizipativen Medienpädagogik verdeutlichen, dass die gemeinsame Entwicklung von Forschungszielen und -methoden die Relevanz und Akzeptanz von Ergebnissen steigert (vgl. Moser, 2018). Diese Vorgehensweise schafft eine Reflexivität, die zur Professionalisierung der Beteiligten beiträgt und zugleich eine nachhaltige Vernetzung zwischen Hochschule und Gesellschaft ermöglicht. Zugleich gilt es, die Heterogenität der Perspektiven konstruktiv zu nutzen, ohne dass sie den Forschungsprozess übermäßig erschweren.

Der erfolgreiche Transfer wissenschaftlicher Erkenntnisse in die Praxis setzt einen iterativen Austausch zwischen Wissenschaft, Praxis und – je nach Kontext – auch Politik voraus. Transparente Rahmenbedingungen sowie gezielte Weiterbildungsangebote für Praxisbeteiligte sind entscheidend, um Innovationen umzusetzen und Akzeptanz zu schaffen (vgl. Rüschoff & Velten, 2021). Dieser Prozess erfordert kontinuierliche Anpassungen an spezifische Bedingungen, damit Ergebnisse relevant und umsetzbar bleiben.

Forschendes Lernen fungiert als methodisches Bindeglied zwischen theoretischem Wissen und praktischer Anwendung. Transferkompetenz zeigt sich nicht nur im Anwenden, sondern auch im Rückführen der Ergebnisse in theoretische Modelle. Die aktive Einbindung in realitätsnahe Forschungsaufgaben stärkt die Reflexions- und Handlungskompetenz der Studierenden (vgl. Eck, 2019). Diversitätssensible und partizipative Elemente fördern zusätzlich die Übertragung theoretischer Inhalte in die Lebenswelt. Studien zeigen, dass Projekte, die verschiedene Statusgruppen und Perspektiven integrieren, nachhaltige Lernprozesse anstoßen und die Bereitschaft zur Mitbestimmung erhöhen. Zugleich bleibt die Frage, wie Hochschulen solche Ansätze strukturell verankern können, um sie langfristig und flächendeckend zu etablieren.

▶ **Merksatz** Theorie gewinnt erst in der Praxis ihre volle Bedeutung – und Praxis erhält durch Theorie Struktur und Tiefe.

Reflexionsfragen

- Welche praktischen Probleme aus meinem Studien- oder Arbeitskontext könnte ich mit wissenschaftlichen Methoden untersuchen?
- Wie könnte ich Ergebnisse meiner Forschung so aufbereiten, dass sie für Praktikerinnen und Praktiker unmittelbar nutzbar sind?
- Welche Unterstützung durch Lehrende oder Partnerinnen und Partner aus der Praxis würde mir helfen, Theorie und Praxis noch enger zu verknüpfen?

Insgesamt zeigt sich: Die systematische Verknüpfung von Theorie und Praxis ist unverzichtbar für die Entwicklung von Forschungskompetenz. Sie fördert Motivation, Reflexion und Handlungsfähigkeit – und legt damit die Basis für eine nachhaltige Wissenschafts- und Berufspraxis.

3.3 Ethische Dimensionen effektiver Forschung

Ethische Aspekte bilden ein unverzichtbares Fundament effektiver Forschung, insbesondere in den Geistes-, Bildungs- und Sozialwissenschaften, die häufig den direkten Umgang mit Menschen in unterschiedlichsten Lebenssituationen einschließen. Forschung ist niemals ein rein technischer oder methodischer Vorgang, sondern stets auch ein Prozess mit normativen und moralischen Implikationen. Wer forscht, trifft Entscheidungen, die Konsequenzen für Individuen, Institutionen und die Gesellschaft haben können. Deshalb gehört es zur Forschungskompetenz, nicht nur das „Wie" der Datenerhebung und -analyse zu beherrschen, sondern ebenso zu reflektieren, ob und unter welchen Bedingungen Forschung verantwortbar ist (vgl. Flick, 2016; Döring, 2023).

Verantwortungsvolles Forschen basiert auf Prinzipien wie informierter Einwilligung, Datenschutz, Nicht-Schädigung, Transparenz und gesellschaftlicher Verantwortung (vgl. Lamnek & Krell, 2024). Diese Grundsätze gelten für alle Phasen des Forschungsprozesses – von der Themenwahl über die Datenerhebung und Analyse bis zur Publikation – und sollen diskriminierende Tendenzen, manipulative Darstellungen und selektive Deutungen vermeiden.

Besonders relevant werden diese Aspekte bei der Arbeit mit vulnerablen Gruppen wie Kindern, Geflüchteten oder Personen in prekären Lebenslagen. Hier bedarf es einer sorgfältigen Vorbereitung, umfassender Informationen über Ziel, Ablauf und mögliche Konsequenzen der Forschung sowie der Möglichkeit zum jederzeitigen Rückzug aus dem Projekt. Durch solche Praktiken wird nicht nur ein diskriminierungsfreier Forschungsansatz ermöglicht, sondern auch die gesellschaftliche Anschlussfähigkeit der Ergebnisse gestärkt. Rückmeldungen aus Projekten, etwa in Unterkünften für geflüchtete Menschen, zeigen, dass Forschung nicht allein Wissen generiert, sondern auch institutionelle Sensibilisierungen und Verbesserungen anstoßen kann (vgl. Fichtner & Trần, 2018).

Die Wahl bestimmter Forschungsmethoden wie teilnehmende Beobachtung oder ethnografische Verfahren bringt zusätzliche Herausforderungen mit sich. Sie verlangen von Forschenden Sensibilität im Umgang mit persönlichen Daten und Narrationen sowie gezielte Maßnahmen zur Vertrauensbildung. Gerade qualitative Methoden wie Interviews, Fallstudien oder vergleichende Ansätze eröffnen tiefgehende Einblicke in individuelle Lebenswelten, bergen aber auch Risiken wie unbeabsichtigte Stigmatisierungen oder die Aufdeckung sensibler Informationen (vgl. Mohajan, 2018; Rauhala et al., 2021). Hier sind institutionelle Leitlinien unverzichtbar, wie sie beispielsweise am Karlsruher Institut für Technologie etabliert wurden. Sie schaffen Orientierung durch Ethikkommissionen, klare Vorgaben zum

Datenschutz und zur sicheren Speicherung sensibler Daten sowie Regelungen für Dual-Use-Problematiken (vgl. Kraft, 2024). Dennoch bleibt kritisch zu vermerken, dass solche Standards häufig nicht ausreichend bekannt oder konsequent umgesetzt werden, weshalb eine stärkere institutionelle Verankerung und Schulung notwendig erscheint.

Die Entwicklung einer ethisch reflektierten Haltung stellt besonders in der forschungsorientierten Lehre eine Herausforderung dar. Studierende verfügen oft nur über begrenzte Erfahrung im Umgang mit ethischen Dilemmata und werden gleichzeitig mit institutionellen Zielkonflikten konfrontiert.

Deshalb ist es wichtig, Reflexionsprozesse nicht nur theoretisch einzufordern, sondern praktisch zu verankern – etwa durch Rollenspiele, Fallanalysen oder partizipative Entscheidungsprozesse, die realitätsnahe Situationen simulieren. Solche Übungen fördern die Sensibilisierung und tragen zur Professionalisierung bei, indem sie helfen, eigene Wertvorstellungen kritisch zu prüfen und die Verantwortung gegenüber Forschungsteilnehmenden wie auch gegenüber der Gesellschaft ernst zu nehmen (vgl. Hofer, 2013).

Digitale Forschungsansätze wie Social-Media-Analysen, Big Data und KI bieten neue Erkenntnismöglichkeiten, stellen jedoch hohe ethische Anforderungen. Trotz scheinbarer Anonymität können Rückschlüsse auf Personen erfolgen, was den Datenschutz gefährdet. Institutionelle Leitlinien fordern daher vorausschauende Risikoprüfungen und regulierte Verfahren (vgl. Kraft, 2024). Forschende müssen digitale Kompetenzen ausbauen und ethische Aspekte neuer Technologien kritisch reflektieren.

Ethische Verantwortung entfaltet sich somit auf mehreren Ebenen: Sie schützt die Rechte von Teilnehmenden, sichert die Integrität wissenschaftlicher Ergebnisse und stärkt zugleich den gesellschaftlichen Nutzen von Forschung. Die Einbindung partizipativer Strukturen in Forschungsprozesse kann diese Verantwortung noch vertiefen. Indem Praxisakteurinnen und -akteure aktiv beteiligt werden, entsteht ein Brückenschlag zwischen Wissenschaft und Gesellschaft, der nicht nur zu akzeptierten Ergebnissen, sondern auch zu nachhaltigen institutionellen Veränderungen führt (vgl. Rodrigues et al., 2024). Europäische Initiativen wie ENLIGHT unterstreichen, dass Ethik nicht lediglich ein Schutzmechanismus ist, sondern ein Motor für Innovation, gesellschaftliche Teilhabe und Professionalisierung (vgl. Fichtner & Trần, 2018).

Die Integration ethischer Reflexion in den Forschungsprozess ist daher keine optionale Ergänzung, sondern eine Bedingung effektiver Forschung. Für Studierende bedeutet dies, sich frühzeitig mit den Grundprinzipien und institutionellen Standards auseinanderzusetzen, um Unsicherheiten zu vermeiden und die eigene Forschung auf eine verantwortungsvolle Basis zu stellen. Damit zeigt sich, dass ethische Reflexion kein Zusatz, sondern ein integraler Bestandteil wissenschaftlicher Professionalität ist.

Beispiel

Eine Studentin der Sozialen Arbeit plante Interviews mit Jugendlichen einer Wohngruppe, um Konfliktmuster zu erforschen. Sie holte zuvor Einverständniserklärungen ein, sicherte Anonymität zu und definierte klare Regeln zum Umgang mit sensiblen Daten. Dies machte den Prozess zwar komplexer, zugleich aber glaubwürdiger und verantwortungsvoller – ein Beispiel gelebter Forschungsethik. ◄

► **Merksatz** Ethisches Forschen bedeutet, wissenschaftliche Neugier mit Verantwortung zu verbinden – gegenüber den Teilnehmenden, der Gesellschaft und der Wissenschaft selbst.

Checkliste: Ethische Kriterien im Forschungsprozess

- Habe ich die Teilnehmenden vollständig über Ziel, Ablauf und Risiken informiert?
- Liegt eine freiwillige und informierte Einwilligung vor?
- Sind Datenschutz und Vertraulichkeit gewährleistet?
- Kann ausgeschlossen werden, dass Teilnehmende Schaden nehmen?
- Sind meine Ergebnisse ehrlich, nachvollziehbar und frei von Manipulation?
- Welche Verantwortung trage ich dafür, wie meine Ergebnisse in der Praxis genutzt werden?

Didaktische Ansätze zur Förderung von Forschungskompetenz 4

Didaktische Konzepte tragen entscheidend dazu bei, Forschungskompetenz im Studium systematisch aufzubauen und nachhaltig zu entwickeln. Im Mittelpunkt stehen drei zentrale Ansätze: forschendes Lernen, problembasiertes Lernen sowie die Integration digitaler Werkzeuge und Künstlicher Intelligenz. Alle drei Konzepte verbindet, dass sie Studierende aktiv in den Forschungsprozess einbeziehen, eigenständiges Arbeiten fördern und die Brücke zwischen theoretischem Wissen und praktischer Anwendung schlagen. Forschungskompetenz erfordert daher nicht nur kognitives Wissen, sondern auch Reflexion, Verantwortung und methodische Flexibilität. Damit bietet Kap. 4 eine praxisnahe Orientierung, wie Hochschullehre durch gezielte didaktische Gestaltung die forschende Haltung von Studierenden fördern und sie auf komplexe wissenschaftliche und berufliche Herausforderungen vorbereiten kann.

4.1 Forschendes Lernen als didaktisches Schlüsselkonzept: Theorie, Praxis und Kompetenzentwicklung

Forschendes Lernen verbindet systematische Forschung mit praxisorientierter Lehre. Es soll Studierende nicht nur mit theoretischen Grundlagen und Methoden vertraut machen, sondern sie befähigen, eigene Forschungsfragen zu entwickeln, den Forschungsprozess selbstständig zu gestalten und wissenschaftliche Erkenntnisse in praxisnahe Kontexte zu übertragen.

K. Keller, K. Bieler, *Wirksam forschen im Studium*, FOM-Edition,
https://doi.org/10.1007/978-3-658-50970-5_4

Beispiel

Ein Beispiel für die erfolgreiche Umsetzung dieses Ansatzes ist das Modellprojekt *„Willkommen in der Wissenschaft"* an der Universität Heidelberg (vgl. Klöber, 2020). Dieses Projekt zeigt eindrücklich, dass forschendes Lernen nicht nur die Sachkompetenz, sondern auch Reflexions- und Handlungskompetenzen nachhaltig fördert. Entscheidend ist dabei die systematische Verknüpfung von Theorie und Praxis, die über das reine Aneignen von Wissen hinausgeht und einen tiefgehenden Lernprozess ermöglicht. ◄

Ein Kernelement forschenden Lernens ist die Fähigkeit, von einem praxisnahen Problem ausgehend eine präzise Forschungsfrage zu entwickeln. Durch die aktive Teilnahme am gesamten Forschungszyklus – von der Planung über die Durchführung bis hin zur Reflexion – wird das wissenschaftliche Denken und Arbeiten vertieft (vgl. Klöber, 2020).

► **Merksatz** Forschendes Lernen bedeutet, Theorie und Praxis aktiv zu verbinden – durch eigenes Fragen, systematisches Forschen und kritische Reflexion entsteht nachhaltige Forschungskompetenz.

Erfahrungen aus der Hochschullehre zeigen, dass die Bearbeitung realitätsnaher Fragestellungen besonders nachhaltig wirkt. Forschendes Lernen fördert ein umfassendes Kompetenzprofil, das analytisches Denken, methodische Präzision sowie die Fähigkeit umfasst, wissenschaftliche Erkenntnisse auf praktische Probleme zu übertragen (vgl. Klewin & Tillmann, 2019).

Die Verbindung von Forschung und Praxis hat zudem eine stark motivierende Wirkung. Die Integration realer Problemstellungen in den Forschungsprozess eröffnet relevante und innovative Ansätze, die nicht nur die Lernmotivation steigern, sondern auch einen substanziellen Erkenntnisgewinn ermöglichen (vgl. Klewin & Tillmann, 2019). Eine wichtige Rolle spielt dabei die eigenverantwortliche Recherche und kritische Bewertung wissenschaftlicher Literatur. Diese Fähigkeiten, die innerhalb des forschenden Lernens gezielt trainiert werden, sind unverzichtbar für das Verfassen wissenschaftlicher Arbeiten (vgl. Heissenberger-Lehofer & Hochreiter, 2022).

Wesentlich für den Erfolg forschenden Lernens ist eine enge Begleitung durch Lehrende. Sie unterstützt, methodische Herausforderungen zu bewältigen, Unsicherheiten zu überwinden und Reflexionsräume zu schaffen. Die Kooperation zwischen Studierenden und Lehrenden bietet nicht nur Raum für Innovation, sondern stärkt auch die Eigenständigkeit der Lernenden (vgl. Klewin & Tillmann,

2019). Besonders anschaulich zeigt sich dies am Oberstufen-Kolleg in Bielefeld, wo die Kooperation mit Praxisakteurinnen und -akteuren Theorie und Praxis eng verzahnt.

Partizipative und aktionsorientierte Ansätze nehmen innerhalb des forschenden Lernens eine Schlüsselrolle ein. Sie verlangen von allen Beteiligten eine kontinuierliche Reflexion und eine aktive Mitgestaltung des Forschungsprozesses. Dadurch lernen Studierende, wissenschaftliche Konzepte kritisch zu hinterfragen und ihre praktische Anwendbarkeit zu prüfen. Die Reflexion des eigenen Handelns gilt daher als zentrales Element. Sie fördert nicht nur die Transferfähigkeit von Wissen, sondern stärkt auch die Fähigkeit zur interdisziplinären Zusammenarbeit.

Die Einbindung externer Praxispartnerinnen und -partner eröffnet zusätzliche Perspektiven und trägt entscheidend zu innovativen Ergebnissen bei (vgl. Eilks & Ralle, 2002). Praxisintegrierte Forschungsprojekte wirken dabei stark motivationsfördernd, weil Studierende die Chance haben, gesellschaftlich relevante Themen aktiv mitzugestalten. Solche Erfahrungen stärken nicht nur das Verständnis der Inhalte, sondern auch die Selbstwirksamkeitserwartung. Empirische Befunde deuten drauf hin, dass der wahrgenommene Kompetenzzuwachs individuell unterschiedlich verlaufen kann. Manche Studierende entwickeln rasch ein höheres Maß an Forschungskompetenz, andere benötigen längere Entwicklungsprozesse und differenzierte Unterstützung (vgl. Heissenberger-Lehofer & Hochreiter, 2022).

Checkliste: Forschendes Lernen im eigenen Studium

- Habe ich bereits selbst eine praxisnahe Fragestellung entwickelt, die mich persönlich interessiert?
- Bin ich in der Lage, aus einem Problem eine präzise Forschungsfrage zu formulieren?
- Habe ich den gesamten Forschungsprozess durchlaufen – von Planung über Datenerhebung bis zur Reflexion?
- Nutze ich Rückmeldungen von Lehrenden oder Praxispartnerinnen und -partnern, um meine Forschung zu verbessern?
- Reflektiere ich regelmäßig meine Rolle im Forschungsprozess und die gesellschaftliche Relevanz meiner Fragestellung?

Von besonderer Bedeutung ist die explizite Reflexion der eigenen Rolle im Forschungsprozess und der gesellschaftlichen Relevanz der Forschungsfrage. Forschendes Lernen eröffnet die Möglichkeit, wissenschaftliches Wissen nicht nur als abstraktes Konstrukt, sondern als Werkzeug zur aktiven Gestaltung gesellschaftlicher Veränderung zu begreifen. Untersuchungen aus der geschichtsdidaktischen Hochschullehre zeigen, dass durch diese Verknüpfung evidenzbasierte Argumentation und kritische Reflexion signifikant gestärkt werden (vgl. Runge & Sauer, 2024).

Studierende, die im Rahmen forschenden Lernens den gesamten Forschungszyklus durchlaufen – von der Problemdefinition über Datenerhebung und -auswertung bis hin zur Reflexion – entwickeln ein tiefes Verständnis komplexer Zusammenhänge. Diese Erfahrungen bereiten nicht nur auf wissenschaftliche Tätigkeiten vor, sondern fördern auch die Fähigkeit, innovative Lösungen für praktische Herausforderungen zu erarbeiten und in verschiedene berufliche Kontexte zu übertragen (vgl. Runge & Sauer, 2024).

Reflexionsfragen

- Welche Erfahrungen mit forschendem Lernen haben meinen Kompetenzzuwachs am meisten unterstützt?
- Wie gehe ich mit Unsicherheiten im Forschungsprozess um?
- Inwiefern motiviert mich die Verbindung von Theorie und Praxis, meine Forschung weiterzuentwickeln?

4.2 Problembasiertes Lernen als Motor kritischer Forschungskompetenz

Problembasiertes Lernen stellt eine effektive Methode dar, um kritisches Denken und eigenständige Lösungsfindung zu fördern. Studierende werden dabei mit realen und relevanten Problemen konfrontiert und erproben eigenverantwortlich verschiedene methodische Ansätze. Dadurch wird ihre Fähigkeit gestärkt, Forschungsfragen zu formulieren, Daten kritisch zu analysieren und wissenschaftlich fundierte Argumentationen zu entwickeln (vgl. Reinmann, 2015). Dieser Ansatz bewegt sich bewusst weg von einer rein rezeptiven Wissensvermittlung und ermutigt dazu, aktiv und selbstständig an Problemlösungsprozessen teilzunehmen. Gerade in der akademischen Bildung stellt dies einen Mehrwert dar, da die Komplexität realer Problemstellungen die Entwicklung flexibler und innovativer Denkansätze anregt.

Die vertiefte Auseinandersetzung mit methodischen Alternativen und deren kritische Reflexion bereitet Studierende darauf vor, in unterschiedlichen Kontexten fundierte Entscheidungen zu treffen – eine Schlüsselkompetenz für wissenschaftliche und berufliche Tätigkeiten (vgl. Reinmann, 2015).

Ein signifikanter Vorteil des problembasierten Lernens liegt in dessen Praxisbezug. Authentische Problemstellungen ermöglichen es, die Relevanz der eigenen Forschungstätigkeit unmittelbar zu erfahren. Dies steigert nicht nur die Motivation, sondern auch die Entwicklung einer subjektiven Sinnorientierung (vgl. Weyland, 2019). Eine solche Verknüpfung akademischer Inhalte mit praktischen Fragestellungen schafft eine höhere Identifikation mit dem Forschungsprozess und erhöht die Bereitschaft, sich intensiver mit den Themen auseinanderzusetzen. Die zusätzliche Motivation wirkt sich positiv auf die Qualität der Ergebnisse aus, da die Studierenden mit größerem Engagement arbeiten.

▶ **Merksatz** Problembasiertes Lernen bedeutet, Forschung nicht als linearen Plan, sondern als offenen Prozess zu begreifen: Probleme analysieren, Wege erproben, Fehler reflektieren – und daraus neues Wissen gewinnen.

Die methodische Freiheit innerhalb des problembasierten Ansatzes ermutigt dazu, etablierte Denkweisen kritisch zu hinterfragen und alternative methodische Zugänge zu erproben (vgl. Reinmann, 2015). Diese explorative Herangehensweise fördert die Methodenkompetenz und legt den Grundstein für weiterführende wissenschaftliche Arbeiten. Die iterative Bearbeitung von Herausforderungen – von der Entwicklung der Forschungsfrage bis hin zur kritischen Bewertung der Ergebnisse – stärkt zusätzlich die Fähigkeit, Unsicherheiten zu tolerieren und wissenschaftliche Argumentationen sinnvoll zu strukturieren. Besonders wertvoll ist hierbei die kontinuierliche Reflexion des Prozesses, da dies den Aufbau einer nachhaltigen Fehlerkultur begünstigt. Fehler gelten nicht als Hindernisse, sondern als produktiver Bestandteil von Forschung.

Praktische Beispiele verdeutlichen, dass die Wirksamkeit des problembasierten Lernens insbesondere dann zum Tragen kommt, wenn Studierende Verantwortung für eigene Projekte übernehmen und individuelle Lösungsansätze im Team erarbeiten (vgl. Klewin & Tillmann, 2019). Die kollaborative Komponente ist dabei entscheidend: Sie fördert soziale Interaktion, den Austausch von Perspektiven und die Fähigkeit, eigene Annahmen kritisch hinterfragen zu lassen. Die gemeinsame Reflexion eigener Fehler schafft zudem eine nachhaltige Lernkultur, die in traditionellen Formaten häufig vernachlässigt wird (vgl. Reinmann, 2015).

Ein weiterer Mehrwert ergibt sich aus der Integration von Data-Literacy-Kompetenzen. Der gezielte Umgang mit Daten – von der Recherche über die Analyse bis hin zur Präsentation – eröffnet neue Perspektiven und stärkt analytische Fähigkeiten (vgl. Heidrich et al., 2018). Praxisnahe Anwendungen, wie die Analyse sozialer Datensätze oder die Auswertung von Befragungsergebnissen, übertragen theoretisches Wissen in konkrete Handlungskompetenzen. Dabei spielt die Reflexion von Datenherkunft, Qualität und potenziellen Verzerrungen eine zentrale Rolle, um wissenschaftlichen Standards gerecht zu werden. Studien zeigen, dass die Verbindung von Data Literacy und problembasiertem Lernen eine tragfähige Grundlage für Kompetenzen schafft, die angesichts der Digitalisierung in Wissenschaft und Beruf immer wichtiger werden (vgl. Heidrich et al., 2018).

Besonders in der Ausbildung von Lehrerinnen und Lehrern zeigt sich das Potenzial dieses Ansatzes. Am Oberstufen-Kolleg in Bielefeld wurde demonstriert, wie die aktive Einbindung Studierender in reale Unterrichtskontexte ihre Forschungskompetenz signifikant fördert (vgl. Klewin & Tillmann, 2019). Die gemeinsame Entwicklung und Umsetzung schulbezogener Projekte ermöglicht es, theoretisch erworbenes Wissen unmittelbar auf beruflich relevante Situationen anzuwenden. Diese Verbindung zwischen wissenschaftlicher Theorie und Praxis führt zu einem umfassenden Kompetenzerwerb, der sowohl analytische als auch soziale Fähigkeiten einschließt.

Ein weiteres anschauliches Beispiel liefert die Bearbeitung umweltbezogener Fragestellungen. Studien zu Tempo-30-Zonen in Modellstädten zeigen, dass verkehrsberuhigende Maßnahmen nicht nur den Lärmpegel senken, sondern auch die Lebensqualität der Anwohnerinnen und Anwohner steigern können (vgl. Dross, 2022). Besonders Menschen mit geringem Einkommen profitieren davon, da sie stärker unter Umweltbelastungen leiden. Solche Untersuchungen verdeutlichen, dass problembasiertes Lernen nicht nur zur Entwicklung von Forschungskompetenz, sondern auch zu einem gesellschaftlich relevanten Beitrag führt.

Allerdings bringt dieser Ansatz auch Herausforderungen mit sich. Die Doppelrolle als Forschende und Lehrkraft kann zur Belastung werden, wenn Anforderungen der Forschung und Erwartungen aus dem Praxisfeld konkurrieren (vgl. Weyland, 2019). Unterstützende Strukturen wie Tutorien, Peer-Learning-Gruppen oder begleitende Reflexionsangebote sind daher notwendig, um Unsicherheiten zu reduzieren. Die Möglichkeit, individuelle Forschungsinteressen zu verfolgen, wirkt zudem sinnstiftend und fördert Selbstwirksamkeit – ein wichtiger Faktor für die Übertragung wissenschaftlicher Fähigkeiten in die Berufspraxis (vgl. Weyland, 2019).

Partizipative und aktionsorientierte Methoden stärken darüber hinaus den Austausch zwischen Wissenschaft und Praxis (vgl. Moser, 2018). Projekte, die Studierende in diesen kooperativen Rahmen einbinden, fördern Verantwortungsbewusstsein und Sensibilität im Umgang mit interdisziplinären Fragestellungen.

Von besonderer Bedeutung ist die systematische Integration ethischer Prinzipien. Leitlinien, wie sie am Karlsruher Institut für Technologie entwickelt wurden, stellen sicher, dass Standards wie Datenschutz, informierte Einwilligung und Reflexion gesellschaftlicher Folgen berücksichtigt werden (vgl. Kraft, 2024). Indem Studierende diese Aspekte in ihre Projekte integrieren, entwickeln sie ein erweitertes Verständnis für die Verantwortung von Forschung.

Um diese Komplexität greifbarer zu machen, unterstützt folgende Checkliste bei der Orientierung:

Checkliste: Die Komplexität des problembasierten Lernens verstehen

- Habe ich ein reales, relevantes Problem als Ausgangspunkt gewählt?
- Habe ich verschiedene methodische Zugänge geprüft und begründet?
- Bin ich mit Unsicherheiten produktiv umgegangen und habe Fehler reflektiert?
- Habe ich Daten kritisch analysiert und ihre Qualität hinterfragt?
- Habe ich Ergebnisse sowohl wissenschaftlich fundiert als auch praxisorientiert dargestellt?
- Habe ich ethische Aspekte (z. B. Datenschutz, Einwilligung, gesellschaftliche Folgen) berücksichtigt?

Die Reflexion eigener Erfahrungen spielt dabei eine zentrale Rolle. Sie hilft, Theorie und Praxis besser zu verbinden und die eigene Forschungskompetenz gezielt weiterzuentwickeln.

Reflexionsfragen

- Welche Probleme aus meiner Studien- oder Lebenspraxis haben mich besonders motiviert, mich forschend damit auseinanderzusetzen?
- Welche Rolle spielte die Zusammenarbeit mit anderen für die Qualität meiner Ergebnisse?
- Wie kann ich den Umgang mit Fehlern als Chance für mein Lernen nutzen?

4.3 Forschung im digitalen Zeitalter: Einsatz von Tools und KI im Studium

Die Integration digitaler Werkzeuge und KI in die Forschung ermöglicht es Studierenden, komplexe Forschungsprozesse praxisnah und datengestützt zu gestalten. Besonders kollaborative Plattformen, digitale Datenanalysewerkzeuge und KI-basierte Assistenzsysteme spielen hierbei eine zentrale Rolle. Sie unterstützen Studierende bei der eigenständigen Entwicklung von Forschungsfragen, der effizienten Auswertung von Daten und der kritischen Reflexion wissenschaftlicher Erkenntnisse (vgl. Reinmann, 2024; Moser, 2018).

Beispiel

Ein Studierendenteam untersuchte die Wahrnehmung nachhaltiger Mobilitätskonzepte in einer Großstadt. Mithilfe eines digitalen Umfragetools sammelten sie Daten von über 1000 Teilnehmenden und werteten diese anschließend mit KI-gestützten Analysetools aus. Die Ergebnisse konnten nicht nur schneller verarbeitet, sondern auch differenzierter dargestellt werden. Dies zeigte eindrücklich, wie digitale Werkzeuge Forschung erleichtern und gleichzeitig neue Reflexionsaufgaben stellen. ◄

Digitale Technologien erleichtern die Datenerhebung durch Online-Fragebögen oder Interview-Tools und ermöglichen eine präzise Verarbeitung großer Datenmengen. Sie tragen wesentlich zur Entwicklung von Data-Literacy-Kompetenzen bei, die für Abschlussarbeiten und evidenzbasierte Praxis unverzichtbar sind (vgl. Moser, 2018). Dennoch besteht die Gefahr, dass Benutzerfreundlichkeit und Automatisierung dazu verleiten, komplexe methodische Überlegungen zu vernachlässigen.

► **Merksatz** Digitale Tools und KI sind Hilfsmittel, keine Ersatzlösungen – entscheidend bleibt die reflektierte Anwendung im Forschungsprozess.

KI-basierte Assistenzsysteme bieten Unterstützung bei der Formulierung und Überarbeitung von Forschungsfragen, der Literaturrecherche oder der Strukturierung wissenschaftlicher Texte. Damit verbunden ist die Herausforderung, neue Reflexions- und Bewertungskompetenzen zu entwickeln, um KI-generierte Inhalte kritisch zu prüfen (vgl. Reinmann, 2024). Eine unreflektierte Nutzung birgt die Gefahr, wissenschaftliche Standards zu untergraben.

Kollaborative Plattformen und digitale Dokumentationstools erhöhen die Nachvollziehbarkeit und Qualitätssicherung von Forschungsvorhaben (vgl. Moser, 2018). Sie fördern partizipative Arbeitsweisen und eine diversitätsorientierte Forschung. Gleichzeitig können technische Barrieren oder unzureichende Schulungen die positiven Effekte einschränken.

Die Flexibilisierung von Forschungsdesigns durch digitale Werkzeuge erleichtert den Zugang für heterogene Studierendengruppen. Adaptive Formate berücksichtigen unterschiedliche Vorkenntnisse und Arbeitsstile (vgl. Reinmann, 2024).

Individualisierung darf jedoch nicht zulasten von Teamarbeit und kollektiven Problemlösungen gehen.

Checkliste: Digitale und KI-gestützte Forschung reflektiert gestalten

- Nutze ich digitale Tools als Ergänzung – nicht als Ersatz – methodischer Überlegungen?
- Habe ich die Qualität und Herkunft meiner Daten kritisch geprüft?
- Hinterfrage ich die Vorschläge von KI-Systemen oder übernehme ich sie ungefiltert?
- Ist der Forschungsprozess durch digitale Dokumentation nachvollziehbar?
- Habe ich ethische Fragen wie Datenschutz, Anonymisierung und Einwilligung berücksichtigt?

Um den verantwortungsvollen Umgang mit KI zu fördern, sollten Curricula gezielte Trainings integrieren. Diese Trainings müssen nicht nur den kritischen Umgang mit KI-Inhalten stärken, sondern auch wissenschaftliche Integrität, etwa im Hinblick auf Plagiatsvermeidung, sichern (vgl. Reinmann, 2024). Ergänzende Formate wie Präsentationen, Diskussionen mit Expertinnen und Experten sowie Peer-Feedback stellen sicher, dass Ergebnisse nicht unreflektiert übernommen werden.

Digitale Reflexions- und Feedbacktools ermöglichen eine kontinuierliche Überprüfung des Forschungsfortschritts und unterstützen den Kompetenzaufbau. Allerdings könnte eine unkritische Nutzung dazu führen, dass eigenständige Reflexion durch automatisierte Prozesse ersetzt wird.

Reflexionsfragen

- In welchen Phasen meines Forschungsprozesses nutze ich digitale Tools – und warum?
- Wo erleichtern sie meine Arbeit, wo ersetzen sie vielleicht notwendige eigene Reflexion?
- Wie stelle ich sicher, dass KI-generierte Inhalte wissenschaftlichen Standards entsprechen?

Die Integration von KI erfordert zudem klare ethische Standards. Institutionelle Leitlinien, wie sie etwa am Karlsruher Institut für Technologie entwickelt wurden, geben Orientierung, müssen aber regelmäßig an technologische Entwicklungen angepasst werden (vgl. Kraft, 2024). Dies betrifft insbesondere die Nutzung von Social Media-Daten oder Big Data, die zwar anonym erscheinen, aber reale Personen betreffen.

In Praxisforschung und Medienpädagogik zeigt sich, dass digitale Werkzeuge innovative, partizipative Arbeitsweisen ermöglichen (vgl. Moser, 2018). Sie dienen als Schnittstelle zwischen unterschiedlichen Akteurinnen und Akteuren und fördern die gemeinsame Entwicklung von Forschungsfragen. Allerdings müssen Zugangsbarrieren und Machtasymmetrien kritisch reflektiert werden.

Die Arbeit in digitalen Teams schafft ortsunabhängige Zusammenarbeit und fördert Teamkompetenzen (vgl. Fichten & Meyer, 2006). Zugleich hängt der Erfolg von Infrastruktur und Kommunikationskultur ab. Digitale Reflexionsmöglichkeiten unterstützen interdisziplinäre Diskussionen und tragen zur Etablierung einer kritisch-konstruktiven Forschungskultur bei.

► **Merksatz** Forschung mit digitalen Werkzeugen und KI erfordert mehr Reflexion, nicht weniger – technologische Effizienz und wissenschaftliche Verantwortung müssen Hand in Hand gehen. Digitale Werkzeuge und KI eröffnen vielfältige Chancen für die Forschung, doch ihre Potenziale entfalten sich nur bei kritischer Reflexion, gezielter didaktischer Einbettung und ethischer Verantwortung.

Herausforderungen und Erfolgsfaktoren in der Entwicklung von Forschungskompetenz

5

Kap. 5 analysiert, unter welchen Bedingungen Studierende Forschungskompetenz entwickeln, und diskutiert zentrale Herausforderungen sowie Lösungsansätze. Im Fokus stehen Hürden und didaktische Strategien, ergänzt durch Maßnahmen der Qualitätssicherung und Evaluation, die Rückmeldungen und Entwicklungsimpulse liefern. Best-Practice-Beispiele zeigen Formate auf, die Forschungskompetenz fördern und Forschung als individuellen wie institutionellen Prozess begreifbar machen – auch im Kontext digitaler und gesellschaftlicher Anforderungen.

5.1 Barrieren und Stolpersteine auf dem Weg zur Forschungskompetenz

Die Entwicklung von Forschungskompetenz stellt für viele Studierende eine erhebliche Herausforderung dar. Es wird häufig erwartet, dass Studierende eigenständig Forschungsfragen entwickeln, Forschungsprozesse gestalten, und methodisch fundierte Ergebnisse präsentieren. Gleichzeitig können sie unzureichend auf diese Anforderungen vorbereitet sein, da oftmals sowohl methodische Grundlagen als auch Erfahrungen in authentischen Forschungskontexten fehlen. Dies führt nicht selten zu Überforderung, Unsicherheit und einem mangelnden Vertrauen in die eigene Leistungsfähigkeit.

Untersuchungen zeigen, dass Studierende forschungsorientierte Aufgaben häufig als wenig bedeutsam einschätzen. Weyland (2019) konnte in einer groß angelegten Studie nachweisen, dass 97,6 % der Befragten Forschungsaufgaben im Studium nur geringe Bedeutung beimessen. Dieser Befund verweist nicht nur auf fehlende Motivation, sondern auch auf eine strukturelle Problematik: Forschung

K. Keller, K. Bieler, *Wirksam forschen im Studium*, FOM-Edition,
https://doi.org/10.1007/978-3-658-50970-5_5

wird im Studium vielfach nicht so integriert, dass ihre Relevanz für das eigene Lernen und die spätere Berufspraxis erkennbar wird. Stattdessen erscheint sie oft als zusätzliche Belastung, die mit hohem Aufwand verbunden ist, ohne dass Studierende einen unmittelbaren Nutzen wahrnehmen.

Ein zentraler Faktor für diese Wahrnehmung liegt in der fehlenden persönlichen Relevanz. Studierende engagieren sich vor allem dann in der Forschung, wenn sie ihre eigenen Interessen einbringen oder einen klaren Praxisbezug erkennen können. Fehlt diese Passung, wirken Aufgaben abstrakt und vom eigenen Handlungsfeld getrennt. Diese fehlende Sinnstiftung mindert die Motivation erheblich und wirkt sich negativ auf Qualität und Engagement aus.

Beispiel

Eine Studentin in einem sozialwissenschaftlichen Studiengang erhielt die Aufgabe, eine empirische Untersuchung zur Mediennutzung durchzuführen. Da das Thema nicht aus ihrem Interessensbereich stammte und sie keinen Bezug zur Praxis herstellen konnte, entwickelte sie ihre Fragestellung nur halbherzig und führte die Befragung eher mechanisch durch. Im Gegensatz dazu zeigte ein Kommilitone, der eine ähnliche Aufgabe auf sein eigenes Praxisfeld – die Jugendarbeit – bezog, eine deutlich höhere Motivation, führte qualitative Interviews mit großem Engagement und entwickelte innovative Fragestellungen. Dieses Beispiel zeigt, dass die persönliche Relevanz eines Themas entscheidend für den Kompetenzerwerb ist. ◄

Ein weiteres Hindernis betrifft die fehlende Differenzierung in der Lehre. Standardisierte Aufgabenformate, die allen Studierenden gleichermaßen gestellt werden, gehen oft an den unterschiedlichen Vorkenntnissen, Erfahrungen und Lernwegen vorbei. Während einige bereits fundiertes Methodenwissen mitbringen, stehen andere noch ganz am Anfang. Fichten (2012) betont, dass solche uniformen Angebote verhindern, dass Studierende Stärken nutzen und individuelle Lernwege aufbauen. Stattdessen entsteht das Gefühl, die Anforderungen nicht bewältigen zu können, was zu Resignation und geringerem Forschungselan führt.

Die wohl größte Schwierigkeit liegt jedoch in der Entwicklung und Präzisierung einer Forschungsfrage. Viele Studierende empfinden diesen Schritt als besonders anspruchsvoll, da er sowohl eine theoretische Fundierung als auch eine klare Operationalisierung erfordert. Evaluationsergebnisse der Oldenburger Teamforschung bestätigen, dass die Formulierung einer präzisen Forschungsfrage häufig als besonders aufwendige und anspruchsvolle Phase wahrgenommen wird (vgl.

Fichten, 2012). Unsicherheiten entstehen vor allem dann, wenn Studierende nicht wissen, wie sie wissenschaftliche Relevanz und Praxisbezug kombinieren können.

Hierfür sind iterative Beratungsprozesse besonders hilfreich. Quesada-Pallarès et al. (2022) empfehlen, Fragestellungen gemeinsam mit Lehrenden zu reflektieren, immer wieder zu schärfen und theoriegeleitet zu präzisieren. Hilfreich sind auch praxisnahe Werkzeuge wie Fragengerüste oder Kataloge mit Beispielthemen, die Studierenden eine erste Orientierung geben. Diese Methoden fördern Eigenständigkeit, reduzieren Unsicherheiten und ermöglichen es, Blockaden im Forschungsprozess frühzeitig zu überwinden.

► **Merksatz** Die Forschungsfrage ist das Herzstück jeder wissenschaftlichen Arbeit – je klarer sie formuliert ist, desto zielgerichteter und erfolgreicher verläuft der gesamte Forschungsprozess.

Ein weiteres strukturelles Problem ergibt sich aus der Trennung von Theorie und Praxis. Viele Studierende empfinden wissenschaftliche Methoden als abstrakt und wenig praxisrelevant, da sie im Curriculum oft isoliert von realen Anwendungsfeldern vermittelt werden. Forschung wird dadurch als theoretische Pflichtübung erlebt, nicht jedoch als praxisnahes Werkzeug zur Lösung relevanter Probleme. Moser (2018) hebt hervor, dass diese Trennung dazu führt, dass Studierende den Nutzen wissenschaftlicher Methoden für ihr berufliches Handeln kaum erkennen. Klewin und Tillmann (2019) schlagen deshalb vor, stärker praxisorientierte Formate wie Fallstudien oder Kooperationen mit externen Partnerinnen und Partnern in den Studienalltag zu integrieren.

Hinzu kommt die Wahrnehmung von Forschung als Konkurrenz zur Lehre. Forschung erscheint vielen Studierenden als etwas, das mit dem eigentlichen Studium nicht unmittelbar verbunden ist, sondern zusätzliche Belastungen erzeugt (vgl. Weyland, 2019). Diese Wahrnehmung wird dadurch verstärkt, dass Schnittstellen zwischen Forschung und Lehre oft unzureichend sichtbar gemacht werden. Formate wie partizipative Projekte oder Brokering-Ansätze (vgl. Hartmann & Kunter, 2022) können hier Abhilfe schaffen, da sie die Verbindung zwischen wissenschaftlichen Methoden und praktischen Anforderungen verdeutlichen.

Auch die Erfassung und Bewertung von Forschungskompetenz bringt Schwierigkeiten mit sich. Viele Hochschulen setzen auf standardisierte Tests, deren Validität und Reliabilität begrenzt sind. Boles (2025) weist darauf hin, dass Selbsteinschätzungen der Studierenden häufig von deren tatsächlichen Kompetenzen abweichen. Während quantitative Verfahren wie Tests zwar eine gewisse Vergleichbarkeit ermöglichen, bilden sie die individuelle Kompetenzentwicklung nur eingeschränkt ab. Qualitative Methoden – etwa Feedbackgespräche oder Kompetenzportfolios – eröffnen hier differenziertere Perspektiven. Quesada-Pallarès et al. (2022) empfehlen daher eine Kombination aus quantitativen und qualitativen Verfahren, um Verzerrungen zu vermeiden und den Lernfortschritt möglichst präzise zu erfassen.

Ein wachsendes Hindernis ergibt sich zudem aus der Integration digitaler Werkzeuge und KI-Systeme. Viele Studierende sind unsicher, wie sie kollaborative Plattformen, Datenanalysetools oder KI-gestützte Feedbacksysteme sinnvoll einsetzen können. Lehrende stehen hier vor der Aufgabe, geeignete Tools didaktisch passfähig zu integrieren und deren Einsatz zu begleiten, was neue Anforderungen an ihre digitale Kompetenz stellt (vgl. Quesada-Pallarès et al., 2022). Technische Hemmnisse oder unzureichende Schulungen können die Potenziale digitaler Tools zusätzlich einschränken.

Checkliste: Typische Hürden im Forschungsprozess
Überprüfen Sie, welche der folgenden Punkte für Sie zutreffen:

- Fällt es mir schwer, eine präzise und relevante Forschungsfrage zu formulieren?
- Erlebe ich Forschung als abstrakt oder losgelöst von meinen persönlichen Interessen?
- Habe ich das Gefühl, mit den methodischen Anforderungen überfordert zu sein?
- Werden meine bisherigen Vorkenntnisse im Studium ausreichend berücksichtigt?
- Kenne ich geeignete digitale Werkzeuge und weiß, wie ich sie sinnvoll einsetzen kann?
- Habe ich Zugang zu individueller Beratung und Feedback im Forschungsprozess?

Die hier beschriebenen Hürden verdeutlichen die Vielschichtigkeit der Entwicklung von Forschungskompetenz. Schwierigkeiten ergeben sich aus motivationalen, didaktischen, methodischen und technologischen Faktoren, die jeweils aufeinander einwirken. Erst wenn Forschung nicht als isolierte Pflichtaufgabe, sondern als integraler Bestandteil akademischer Bildung verstanden wird – praxisnah, relevant und individuell anschlussfähig –, kann sie ihr Potenzial zur Förderung wissenschaftlicher und beruflicher Handlungskompetenz entfalten.

5.2 Qualitätssicherung und Evaluation von Forschungskompetenz: Methoden, Reflexion und Praxisbezug

Qualitätssicherung und Evaluation sind zentral, weil sie Kompetenzentwicklung systematisch begleiten und deren Wirksamkeit prüfen. Grundlage hierfür ist der Einsatz valider und reliabler Messinstrumente, die eine objektive Bewertung sicherstellen sollen. Studien wie jene von Boles (2025) zeigen, dass die über 91 % Übereinstimmung zwischen Gutachterinnen und Gutachtern bei der Bewertung von Forschungskompetenz ein Indikator hoher Verfahrensgüte ist. Dennoch bleibt die Herausforderung, dass der komplexe Prozess der Kompetenzentwicklung nicht allein mit standardisierten Tests abgebildet werden kann, sondern immer auch qualitative Perspektiven einbezogen werden müssen.

Ein wiederkehrendes Problem ist die Diskrepanz zwischen Selbsteinschätzung der Studierenden und ihrem tatsächlichen Kompetenzerwerb. Während Tests valide Ergebnisse liefern, offenbaren ergänzende Verfahren wie Portfolioanalysen, Peer-Feedback oder Selbsteinschätzungsbögen eine differenziertere Sicht auf die Lernprozesse. Besonders Portfolios dokumentieren nicht nur aktuelle Leistungen, sondern machen Lernverläufe und Reflexion sichtbar. Damit diese Verfahren wirksam werden, braucht es jedoch eine klare strukturelle Verankerung im Curriculum sowie ausreichend Zeit für die Begleitung. Hier zeigt sich, dass Reflexionsprozesse nicht nur additiver Bestandteil, sondern integraler Bestandteil der Qualitätssicherung sein müssen.

Von besonderer Bedeutung ist es, einzelne Teilkompetenzen wie methodisches Wissen, ethische Reflexionsfähigkeit oder die Fähigkeit zum Praxistransfer nicht isoliert, sondern in ihrem Zusammenspiel zu erfassen.

> ► **Merksatz** Qualitätssicherung in der Forschung bedeutet nicht nur Ergebnisse zu messen, sondern **Entstehungsprozesse** und das **Zusammenspiel** von Teilkompetenzen zu reflektieren.

Die Ergebnisse der Evaluationen bieten eine Grundlage sowohl zur individuellen Förderung als auch zur Weiterentwicklung didaktischer Maßnahmen. Lipowsky und Rzejak (2017) zeigen, dass auf Basis solcher Befunde gezielte Trainingsprogramme entwickelt werden können, die spezifische Kompetenzlücken adressieren. Damit dies gelingt, ist es notwendig, Rückmeldungen systematisch zu erfassen und in zukünftige Lehrplanentscheidungen einfließen zu lassen. Gleichzeitig gilt es zu prüfen, inwiefern die eingesetzten Instrumente flexibel genug sind, um die Heterogenität der Studierenden abzubilden. Standardisierte Tests liefern Vergleichbarkeit, stoßen aber dort an ihre Grenzen, wo unterschiedliche Ausgangslagen und Interessen differenzierte Zugänge erfordern.

Besonders praxisnah wird Qualitätssicherung, wenn reale Fallbeispiele und konkrete Forschungsszenarien in die Evaluation einbezogen werden. Auf diese Weise können Studierende nicht nur ihre Ergebnisse überprüfen, sondern auch direkt erproben, wie diese in beruflichen Kontexten nutzbar sind. Um die Qualitätssicherung im eigenen Forschungsprozess zu gewährleisten, empfiehlt sich eine regelmäßige Selbstprüfung.

Checkliste: Ethische und methodische Selbstprüfung im Evaluationsprozess

- Sind die eingesetzten Instrumente valide und reliabel?
- Werden methodische Grenzen reflektiert und transparent dokumentiert?
- Ist Peer- oder Lehrenden-Feedback systematisch integriert?
- Sind die Ergebnisse nachvollziehbar und frei von Verzerrungen dargestellt?
- Wird der Bezug zur Praxis berücksichtigt und überprüft?
- Werden digitale Tools sinnvoll und kritisch eingebunden?

Ein weiterer zentraler Punkt ist die Kopplung von Theorie- und Praxisreflexion. Evaluation sollte Theorie- und Praxisreflexion systematisch koppeln, um Transferfähigkeit sichtbar zu machen (vgl. Neuenschwander 2005). Damit Lehrende diesen Prozess unterstützen können, brauchen sie sowohl methodische als auch didaktische Erfahrung, um Studierende gezielt bei der Analyse ihrer Fortschritte zu begleiten.

Die Weiterentwicklung von Evaluationsinstrumenten hängt maßgeblich von Rückmeldungen aus der Praxis ab. Lipowsky & Rzejak (2017) betonen, dass systematisch erhobene Erfahrungen entscheidend für die Akzeptanz und Wirksamkeit sind. In partizipativen Forschungssettings zeigt sich zudem, dass Flexibilität erforderlich ist, um die Vielfalt der Studierenden abzubilden. Dabei entsteht allerdings das Spannungsfeld, dass größere Anpassungen an individuelle Voraussetzungen die Vergleichbarkeit der Ergebnisse einschränken können.

Iterative Reflexionsprozesse, die regelmäßig im Forschungszyklus verankert sind, bieten eine Möglichkeit, Fortschritte sichtbar zu machen und gezielte Maßnahmen abzuleiten. Studien von Neuenschwander (2005) verdeutlichen, dass gerade diese kontinuierlichen Rückmeldeschleifen den Aufbau von Forschungskompetenzen nachhaltig unterstützen. Digitale Tools können hier als zusätzliche

Ressource dienen: Kollaborative Plattformen oder Feedbacksysteme erhöhen Transparenz und Nachvollziehbarkeit, erleichtern die Koordination größerer Projekte und fördern die interdisziplinäre Zusammenarbeit (vgl. Freybe & Hoffmann, 2018). Damit diese Potenziale wirksam werden, müssen Studierende jedoch befähigt werden, solche Tools reflektiert und kompetent einzusetzen.

Evaluation und Qualitätssicherung von Forschungskompetenz erweisen sich damit als komplexe Aufgaben, die nur durch eine Kombination aus methodischer Fundierung, praxisnaher Anwendung, digitaler Unterstützung und reflexiven Prozessen erfolgreich umgesetzt werden können.

5.3 Effektive Forschungsvorhaben im Hochschulkontext: Erfahrungen und Perspektiven

Die Integration forschungsnaher Lehr- und Lernformate ermöglicht Studierenden die eigenständige Durchführung des gesamten Forschungsprozesses. Forschendes Lernen fördert methodische und reflexive Fähigkeiten und erlaubt zugleich eine praxisnahe Auseinandersetzung mit wissenschaftlichen Fragestellungen. Empirische Untersuchungen zeigen, dass Studierende durch diese Formate in der Lage sind, komplexe Probleme aus ihrer Lebens- oder Arbeitswelt zu analysieren und wissenschaftlich fundierte Lösungsansätze zu entwickeln. Dies führt zu einer nachhaltigen Steigerung der Forschungskompetenz. Zugleich wird deutlich, dass nicht alle über ausreichendes Vorwissen oder die notwendige Unterstützung verfügen, um die Herausforderungen forschungsnaher Ansätze erfolgreich zu bewältigen. Eine didaktische Begleitung ist daher unabdingbar, damit alle Studierenden gleichermaßen profitieren können (vgl. Klewin & Tillmann, 2019).

Eine systematische Kooperation zwischen Lehrenden und Studierenden trägt dazu bei, transparente Strukturen in der Projektplanung zu schaffen und die Verbindlichkeit von Forschungsarbeiten zu erhöhen. Erfahrungen aus Projekten verdeutlichen, dass die aktive Beteiligung der Lehrenden an Forschungs- und Entwicklungsprozessen das Commitment stärkt und Studierenden ermöglicht, von deren Expertise zu profitieren. Gleichzeitig bleibt offen, wie sich solche Strukturen unter variablen Ressourcenbedingungen institutionell skalieren lassen, da Motivation und Verfügbarkeit der Lehrenden eine entscheidende Rolle spielen.

Die Einbindung von Praxispartnerinnen und -partnern in Forschungsprojekte trägt zusätzlich zur Entwicklung partizipativer Kompetenzen bei. Authentische Kooperationen erhöhen nicht nur die Praxisrelevanz, sondern ermöglichen die Anwendung wissenschaftlicher Erkenntnisse auf konkrete Problemlagen. Gleichzeitig entstehen Herausforderungen im Hinblick auf Machtasymmetrien zwischen

Studierenden, Forschungsteams und Praxisakteurinnen und -akteuren. Hier können institutionell verankerte klar definierte Moderations-, Rollen- und Entscheidungsprozesse zu einer gleichberechtigten Zusammenarbeit beitragen.

▶ **Merksatz** Effektive Forschungsvorhaben beruhen auf der engen Verzahnung von Theorie, Praxis und Partizipation. Nur wenn diese Elemente zusammengedacht werden, entsteht nachhaltige Kompetenzentwicklung.

Regelmäßige Evaluation und kontinuierliche Reflexion während des Forschungsprozesses sind zentrale Bestandteile der Qualitätssicherung. Durch iterative Feedbackschleifen können Probleme frühzeitig erkannt und individuelle Lernfortschritte sichtbar gemacht werden. Dieser dynamische Ansatz verbessert die Passung zwischen Projektzielen und Bedürfnissen der Beteiligten, erfordert jedoch Zeit und Ressourcen, die im Hochschulalltag oft knapp sind.

Die Heterogenität von Studierendengruppen stellt eine weitere Herausforderung dar. Adaptive Unterstützungsformate und binnendifferenzierte Aufgabenstellungen berücksichtigen unterschiedliche Wissensstände und Lernvoraussetzungen. Dadurch wird nicht nur die individuelle Weiterentwicklung gefördert, sondern auch ein inklusives Lernumfeld geschaffen, das allen Beteiligten Teilhabe ermöglicht.

Beispiel

In einem interdisziplinären Projekt entwickelten Studierende unterschiedlicher Fachrichtungen gemeinsam Lösungsansätze für Fragen der Nachhaltigkeit in urbanen Räumen. Während einige Teilnehmende bereits über fundierte Methodenkenntnisse verfügten, benötigten andere gezielte Unterstützung bei der Entwicklung und Präzisierung von Forschungsfragen. Durch begleitende Workshops und Feedbackschleifen konnten alle Studierenden an einem gemeinsamen Forschungsziel arbeiten und zugleich ihre individuellen Kompetenzen erweitern. ◀

Besonders wirksam erwiesen sich Aktionsforschungsprogramme. Sie förderten gezielt Teilkompetenzen wie Methodenwahl, Reflexion ethischer Fragestellungen oder die Auswertung von Daten. Trotz solcher Erfolge bleibt fraglich, ob diese Formate flächendeckend implementiert werden können, da sie beträchtliche Ressourcen und curriculare Anpassungen erfordern.

Studierende berichten aus solchen Programmen häufig von einer deutlichen Steigerung ihres Vertrauens in die eigene Forschungshandlungsfähigkeit. Diese Selbstwirksamkeit erhöht die Bereitschaft, wissenschaftliche Methoden auch in beruflichen Kontexten einzusetzen. Besonders motivierend wirken Praxisbezüge und realitätsnahe Problemstellungen. Allerdings bleibt offen, in welchem Umfang solche praxisorientierten Formate in Curricula integriert werden können.

Checkliste: Best Practices im Überblick

- Ist die Forschungsfrage praxisrelevant und an realen Problemen orientiert?
- Werden unterschiedliche Vorkenntnisse der Studierenden berücksichtigt?
- Ist eine enge Kooperation zwischen Lehrenden und Studierenden gewährleistet?
- Sind Moderationsprozesse zur Balance von Machtasymmetrien vorgesehen?
- Werden kontinuierliche Reflexion und Evaluation strukturell abgesichert?
- Ist die Anbindung an gesellschaftlich relevante Fragestellungen erkennbar?

Praxisforschung bildet eine bedeutende Brücke zwischen wissenschaftlicher Theorie und praktischer Problemlösung. Partizipative Forschungsansätze, unterstützt durch digitale Tools, eröffnen innovative Möglichkeiten, Erkenntnisse anwendungsorientiert zu entwickeln. Gleichzeitig bergen sie Risiken technischer Abhängigkeiten, deren Einfluss auf die Forschungsqualität sorgfältig reflektiert werden muss (vgl. Moser, 2018).

Darüber hinaus fördern partizipative Forschungsformate die Rollenklarheit und Zusammenarbeit in heterogenen Teams. Heterogenität bietet hier Chancen für Innovation, setzt jedoch effektive Moderation voraus, um Konflikte zu vermeiden. Publikationen in Fachreihen machen die Ergebnisse sichtbar, bleiben aber stark von institutioneller Unterstützung und Finanzierung abhängig (vgl. Moser, 2018).

Die Transformation von Forschung in Lernprozesse verdeutlicht, dass forschungsnahe Formate nicht nur Forschungskompetenz fördern, sondern auch das kritische Hinterfragen bestehender Routinen und Annahmen ermöglichen. Erfahrungsbasiertes Lernen, das die Reflexion eigener Erfahrungen mit wissenschaftlicher Bearbeitung kombiniert, schafft eine Kohärenz zwischen Theorie und Praxis und erhöht die Motivation der Studierenden (vgl. Wildt, 2009).

Die nachhaltige Wirkung wissenschaftlicher Forschung wird zudem durch die Öffnung zur Gesellschaft verstärkt. Programme wie „Wissenschaft mit der und für die Gesellschaft“ oder Horizon Europe unterstreichen, dass Forschung nicht nur akademischen Zwecken dienen, sondern auch gesellschaftliche Entwicklung fördern muss. Hochschulen übernehmen zunehmend die Rolle, Wissenschaft im gesellschaftlichen Kontext sichtbar zu machen und relevante Fragestellungen partizipativ zu bearbeiten. Dies erfordert institutionelle Verankerung sowie klare ethische und wissenschaftliche Standards (vgl. Mayrhofer, 2025).

► **Merksatz** Forschungsvorhaben verbinden Theorie und Praxis konsequent, integrieren partizipative Ansätze und fördern gezielt Teilkompetenzen – flankiert durch Evaluation und institutionelle Unterstützung.

6 Zentrale Erkenntnisse und Perspektiven

Im Mittelpunkt stand das Ziel, herauszuarbeiten, wie Forschungskompetenz im Hochschulkontext gezielt, praxisnah und wirksam entwickelt und gefördert werden kann. Die eingangs formulierte Leitfrage zielte darauf ab, sowohl die Besonderheiten forschungsbezogener Lernprozesse als auch die Wirksamkeit unterschiedlicher methodischer Ansätze darzustellen.

Die systematische Auswertung aktueller empirischer Befunde und theoretischer Modelle zeigt auf, dass Forschungskompetenz, ein vielschichtiges Konstrukt darstellt, das Methodenwissen, kritische Reflexionsfähigkeit, ethische Sensibilität und Praxisbezug eng miteinander verknüpft. Durch die gezielte Verzahnung von Theorie und Praxis – etwa über forschendes und problembasiertes Lernen, den Einsatz digitaler Werkzeuge sowie die Integration partizipativer Forschungssettings – kann ein nachhaltiger Kompetenzerwerb bei Studierenden systematisch realisiert werden.

Zentrale Dimensionen und Herausforderungen der Förderung von Forschungskompetenz wurden systematisch herausgearbeitet und kontextualisiert. Curriculare und extracurriculare Maßnahmen, wie Aktionsforschungsprogramme und realitätsnahe Praxisprojekte, tragen signifikant zum Kompetenzerwerb bei. Die Bearbeitung authentischer Problemstellungen steigert Motivation und Selbstwirksamkeit der Studierenden und fördert zugleich die Fähigkeit, Forschungsergebnisse kritisch zu reflektieren und evidenzbasiert in Anwendungskontexte zu übertragen. Zugleich zeigt sich, dass Studierende mit Hürden konfrontiert sind, die sie vor beachtliche Herausforderungen stellen.

Die Qualitätssicherung und Evaluation forschungsbezogener Kompetenzen erfolgt durch einen erfolgreichen Methodenmix. Gleichwohl bleibt die Notwendigkeit bestehen, differenzierte und adaptive Förderformate weiter auszubauen, um

K. Keller, K. Bieler, *Wirksam forschen im Studium*, FOM-Edition, https://doi.org/10.1007/978-3-658-50970-5_6

der Heterogenität der Studierenden gerecht zu werden und individuelle Lernverläufe angemessen zu berücksichtigen.

Der Beitrag dieses Buchs zum aktuellen Forschungsstand liegt insbesondere darin, empirisch abgesicherte Ansätze zur Entwicklung von Forschungskompetenz systematisch zu bündeln, kritisch einzuordnen und ihre Wirksamkeit und Nachhaltigkeit zu prüfen. Die Ergebnisse bestätigen die Potenziale partizipativer, aktions- und praxisorientierter Lehr- und Lernformate, die Verknüpfung mit digitalen und KI-basierten Technologien sowie die Integration kontinuierlicher Reflexions- und Feedbackprozesse. Darüber hinaus wird die Bedeutung einer ethisch verantwortungsvollen Forschungspraxis hervorgehoben, die als Querschnittsdimension alle Stufen des Forschungsprozesses durchzieht.

Im Vergleich mit bestehenden Studien zeigt sich eine weitgehende Übereinstimmung der Ergebnisse mit dem aktuellen Stand der Forschung. Gleichzeitig bleiben zentrale Herausforderungen bestehen – etwa die nachhaltige Integration digital gestützter Formate, die strukturelle Verankerung partizipativer Ansätze, die Diversitätssensibilität in heterogenen Lerngruppen sowie die institutionellen Rahmenbedingungen für forschungsbezogene Ausbildung.

Eine kritische Reflexion verweist zudem auf die Grenzen dieses Bandes. Der Fokus lag auf der Auswertung und Synthese vorhandener Forschungsarbeiten, sodass die Erkenntnisse vor allem literaturbasiert und auf den deutschsprachigen Diskurs bezogen sind. Eigene empirische Erhebungen wurden nicht durchgeführt. Auch die Vielfalt institutioneller Kontexte, die Heterogenität der Zielgruppen und die rasante Entwicklung digitaler und KI-gestützter Forschungsmethoden begrenzen die Generalisierbarkeit einzelner Schlussfolgerungen.

Daraus ergeben sich zentrale Perspektiven für zukünftige Forschungsvorhaben. Empirisch fundierte Studien unter realen Lehr- und Lernbedingungen sind notwendig, um die Wirkung innovativer Methoden und digitaler Tools auf unterschiedliche Studierendengruppen systematisch zu untersuchen. Die kontinuierliche Weiterentwicklung und Evaluation digitaler und KI-gestützter Formate, die Ausdifferenzierung partizipativer und praxisnaher Forschungssettings sowie die konsequente Integration diversitätsorientierter Ansätze stellen vielversprechende Forschungsfelder dar. Darüber hinaus bleibt die Etablierung institutioneller und ethischer Standards zentral, um die Anforderungen einer zunehmend digitalisierten Wissenschaft angemessen zu gestalten.

Für die Ausbildungspraxis lassen sich vor allem Empfehlungen zur Stärkung adaptiver und individueller Förderformate ableiten, die systematische Reflexion ethischer Herausforderungen sowie die stärkere institutionelle Verankerung von Kooperationen zwischen Wissenschaft, Praxis und Gesellschaft. Auf diese Weise kann die systematische Förderung von Forschungskompetenz nicht nur zur

Professionalisierung der Studierenden beitragen, sondern auch die Innovationskraft des Wissenschaftssystems und die Bearbeitung gesellschaftlicher Herausforderungen nachhaltig stärken.

Damit tritt Forschungskompetenz als zentrale Kernaufgabe der Hochschulbildung hervor. Ihre Förderung ist eng mit Fragen der Professionalisierung, der gesellschaftlichen Verantwortung und der Zukunftsfähigkeit von Wissenschaft verbunden. Forschung wird so nicht nur als akademische Praxis, sondern als ein Instrument verstanden, das zur aktiven Gestaltung gesellschaftlicher Entwicklungen beiträgt.

Der Forschungskreis: dein Leitfaden zum eigenständigen Forschen 7

Der Forschungskreis begleitet dich als Orientierungshilfe durch alle Phasen deiner Arbeit. Er verdeutlicht, dass Forschen kein linearer Ablauf, sondern ein zyklischer Prozess ist, in dem einzelne Etappen immer wieder aufeinander zurückwirken. Du erhältst die Grafik als Blanko-Vorlage (siehe Abb. 7.1), die du nach und nach mit eigenen Gedanken füllen kannst. So entsteht ein persönlicher Fahrplan, der dir Klarheit und Orientierung gibt.

Im Zentrum des Forschungskreises steht dein Forschungsgegenstand – also das Phänomen, das du untersuchen möchtest. Notiere hier zunächst dein übergeordnetes Thema. Es darf anfangs noch breit gefasst sein, etwa „digitale Lernplattformen an Schulen" oder „Motivation im Sportunterricht". Das ist völlig in Ordnung. Wichtig ist nur, dass du dein Interesse benennst.

Aus diesem Gegenstand entwickelst du im nächsten Schritt deine Forschungsfrage. Sie bildet das Herzstück deiner Arbeit. Frag dich dabei: „Was genau möchte ich herausfinden – und warum ist das bedeutsam?" Formuliere die Frage so, dass sie präzise beantwortet werden kann und nicht im Ungefähren bleibt. Teste sie an den SMART-Kriterien: Ist sie spezifisch, messbar, attraktiv, realistisch und terminiert? Ein Beispiel: Statt „Wie wirkt Digitalisierung auf Schulen?" könnte deine Frage lauten: „Wie verändert die Nutzung digitaler Lernplattformen die Hausaufgabenpraxis an einer Gesamtschule in Klasse 8?"

Hast du deine Frage, brauchst du ein Forschungsdesign – also deinen Plan, wie du vorgehen willst. Welche Methode passt am besten, um deine Frage zu beantworten? Interviews ermöglichen tiefgehende Einsichten, Umfragen liefern quantitative Breite und Beobachtungen zeigen Verhaltensmuster in realen Kontexten. Notiere im Kreis, was du wählen möchtest und warum. Dein Design ist dein Fahrplan, es hält dich auf Kurs.

K. Keller, K. Bieler, *Wirksam forschen im Studium*, FOM-Edition, https://doi.org/10.1007/978-3-658-50970-5_7

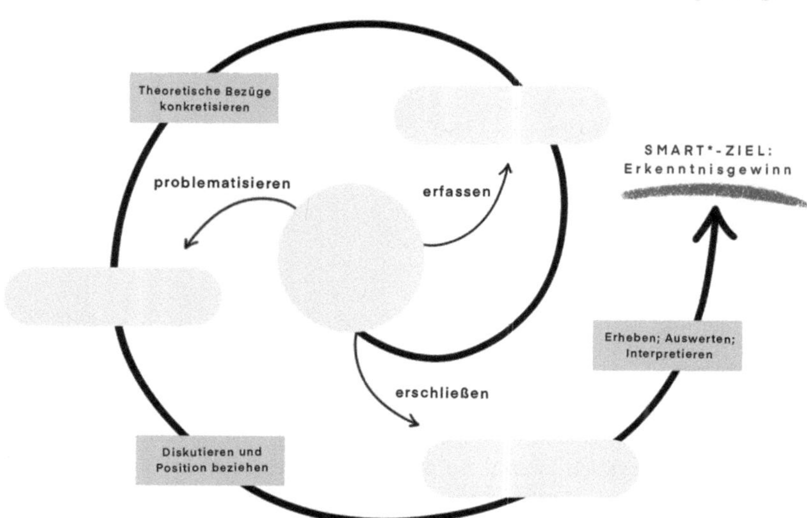

Abb. 7.1 Meine wirksame Forschung

Ein weiterer Schritt ist die Theorie. Sie ist deine Brille, durch die du dein Thema betrachtest. Sie hilft dir, zentrale Begriffe zu klären, theoretische Kategorien zu entwickeln und deine Ergebnisse systematisch einzuordnen. Frag dich: „Welche Modelle oder theoretischen Ansätze passen zu meiner Arbeit?" Notiere diese im Kreis, auch wenn sie noch vorläufig sind.

Nun geht es darum, dein Erkenntnisziel zu formulieren. Überlege dir: „Welchen Beitrag soll meine Arbeit leisten – für die Wissenschaft, die Praxis oder beides?" Willst du ein Phänomen besser verstehen, einen Beitrag zur Diskussion leisten oder vielleicht eine praktische Lösung entwickeln? Dein Ziel zeigt dir, warum deine Arbeit relevant ist – und motiviert dich, wenn der Weg zwischendurch mühsam wird.

Vergiss nicht, dein Thema zu problematisieren. Schreib auf, warum es wichtig ist, dass sich jemand mit dieser Frage beschäftigt. Gibt es Forschungslücken? Werden gerade in der Gesellschaft Entwicklungen sichtbar, die dein Thema besonders aktuell machen? Hier formulierst du die Begründung, die deine Arbeit trägt.

Am Ende des Kreises steht die Diskussion. Überleg dir schon früh, was du mit deinen Ergebnissen anfangen willst. Welche Konsequenzen ergeben sich aus deinen Ergebnissen – für Theorie, Praxis und gegebenenfalls auch für gesellschaftliche Entwicklungen? Und wo liegen die Grenzen deiner Arbeit? Diese Reflexion macht deine Forschung ehrlich und nachvollziehbar.

Der Forschungskreis ist kein starres Schema. Du wirst während deines Prozesses immer wieder zurückgehen, Fragen überarbeiten, Methoden anpassen oder dein Erkenntnisziel schärfen. Genau darin liegt der Sinn des Forschungskreises: Er macht sichtbar, dass Forschung ein lebendiger, sich entwickelnder Prozess ist – und dass jede Runde, die du gehst, dich deinem Ziel ein Stück näherbringt.

Was Sie aus diesem Band der FOM-Edition Studium kompakt mitnehmen können

- Forschung ist ein dynamischer Prozess, der Wissen, Reflexion, Verantwortung und Praxisbezug systematisch verbindet
- Forschungskompetenz entwickelt sich schrittweise und ermöglicht das Analysieren und Verstehen komplexer Zusammenhänge in Wissenschaft und beruflichen Kontexten
- Reflexion über die eigene Forschungspraxis und -kompetenz
- Wie die Verzahnung von Theorie und Praxis gelingt und welche Rolle Praktikerinnen und Praktiker dabei spielen
- Schritt-für-Schritt-Anleitung, wie das eigene Forschungsprojekt von der Themenfindung bis zur Auswertung der Ergebnisse gelingen kann
- Wie digitale Tools und KI reflektiert und ethisch verantwortungsvoll im Forschungsprozess angewendet werden können

K. Keller, K. Bieler, *Wirksam forschen im Studium*, FOM-Edition,
https://doi.org/10.1007/978-3-658-50970-5

Literatur

Besa, K.-S., Lüking, S., Biehl, A.-L., & Wilde, M. (2023). Forschungskompetenz von Lehramtsstudierenden und Studierenden anderer Fachrichtungen. *Zeitschrift für Bildungsforschung, 13*(1), 55–74. https://doi.org/10.1007/s35834-023-00382-w

Bietz, C., Asbrand, B., Weichsel, F., & Martens, M. (2020). Forschung und Schulentwicklung: Kollaboration von Schule und Universität am Beispiel der Helene-Lange-Schule und ihrer wissenschaftlichen Begleitung. *WE_OS Jahrbuch, 3*(1), 48–61. https://doi.org/10.4119/we_os-3338

Boles, N. S. T. (2025). Entwicklung wissenschaftlicher Forschungskompetenzen durch ein Aktionsforschungsprogramm bei DaF-Studierenden an der Pädagogischen Fakultät der Helwan Universität [Dissertation, Pädagogische Fakultät der Helwan Universität]. https://journals.ekb.eg/article_427447_4cb081c78eafd03dd5f15345a495d45d.pdf. Zugegriffen: 2. Dez. 2025.

Döring, N. (2023). *Forschungsmethoden und Evaluation in den Sozial- und Humanwissenschaften* (6. Aufl.). Springer. https://doi.org/10.1007/978-3-662-64762-2.

Dross, M. (2022). Die leise Stadt für morgen. DAGA 2022 Tagungsband, 53–54. https://pub.dega-akustik.de/DAGA_2022/data/articles/000518.pdf. Zugegriffen: 2. Dez. 2025.

Eck, S. (2019). *Forschendes Lernen – Lernendes Forschen. Partizipative Empirie in Erziehungs- und Sozialwissenschaften*. Beltz Juventa.

Eilks, I., & Ralle, B. (2002). Partizipative fachdidaktische Aktionsforschung: Ein Modell für eine begründete und praxisnahe curriculare Entwicklungsforschung in der Chemiedidaktik. *CHEMKON, 9*(1), 13–18. https://doi.org/10.1002/1521-3730(200201)9:1<13::AID-CKON13>3.0.CO;2-5

Fichten, W. (2012). Über die Umsetzung und Gestaltung Forschenden Lernens im Lehramtsstudium. Verschriftlichung eines Vortrags auf der Veranstaltung „Modelle Forschenden Lernens“ in der Bielefeld School of Education 2012. *Lehrerbildung in Wissenschaft, Ausbildung und Praxis*. Didaktisches Zentrum Carl von Ossietzky Universität Oldenburg. https://uol.de/fileadmin/diz/download/Publikationen/Lehrerbildung_Online/Fichten_01_2013_Forschendes_Lernen.pdf. Zugegriffen: 2. Dez. 2025.

K. Keller, K. Bieler, *Wirksam forschen im Studium*, FOM-Edition, https://doi.org/10.1007/978-3-658-50970-5

Fichten, W., & Meyer, H. (2006). Kompetenzentwicklung durch Lehrerforschung: Möglichkeiten und Grenzen. *Zeitschrift für Pädagogik, 51*(Beiheft), 267–282. https://doi.org/10.25656/01:7382.

Fichtner, S., & Trần, H. M. (2018). Ethische Ambivalenzen in der Forschung mit Kindern in Unterkünften für geflüchtete Menschen. *Forum Qualitative Sozialforschung, 19*(3), 1–25. https://doi.org/10.17169/fqs-19.3.3150

Flick, U. (2016). *Qualitative Sozialforschung: Eine Einführung* (7. Aufl.). Rowohlt.

Freybe, K., & Hoffmann, T. (2018). Iterative Bearbeitung von Forschungsfragen. *Gesellschaft für Informatik. https://doi.org/10.18420/infdh2018-04.*

Haberfellner, C. (2016). Der Nutzen von Forschungskompetenz im Lehramt. Eine Einschätzung aus der Sicht von Studierenden der Pädagogischen Hochschulen in Österreich [Dissertation, Universität Salzburg]. Verlag Julius Klinkhardt. http://klinkhardt.ciando.com/img/books/extract/3781554953_lp.pdf. Zugegriffen: 2. Dez. 2025.

Hartmann, U., & Kunter, M. (2022). Mehr Praxis in der Bildungsforschung? Eine Studie zu Praxisperspektiven in Forschungsprojekten. *Bildungsforschung, 2*, 1–24. https://doi.org/10.25656/01:25469

Heidrich, J., Bauer, P., & Krupka, D. (2018). Future Skills: Ansätze zur Vermittlung von Data Literacy in der Hochschulbildung (Arbeitspapier Nr. 37). Hochschulforum Digitalisierung. https://gi.de/fileadmin/GI/Hauptseite/Aktuelles/Aktionen/Data_Literacy/HFD_AP37_DALI_Studie_2018-09.pdf. Zugegriffen: 2. Dez. 2025.

Heissenberger-Lehofer, K., & Hochreiter, A. (2022). „Das ist wirklich sinnvoll!" Forschen lernen durch Forschendes Lernen. Effekte auf Forschungskompetenz durch praktikumsintegrierte Praxisforschung in der Lehrerinnen- und Lehrerbildung. *die hochschullehre*, 8, 423–436. https://die-hochschullehre.de/articles/148/files/submission/proof/148-1-509-1-10-20221221.pdf. Zugegriffen: 2. Dez. 2025.

Hofer, R. (2013). Forschendes Lernen in der Lehrerinnen- und Lehrerbildung: Widersprüchliche Anforderungen zwischen Forschung und Profession. *Beiträge zur Lehrerbildung, 31*(3), 310–320. https://doi.org/10.3278/HSL2230W

Klewin, G., & Tillmann, K.-J. (2019). Lehrer*innenforschung, Praxisforschung und Forschendes Lernen – ein Bericht über Bielefelder Erfahrungen. *PraxisForschungLehrer*innenBildung, 1*(1), 1–19. https://doi.org/10.4119/pflb-3172. Zugegriffen: 2. Dez. 2025.

Klöber, R. (2020). Charakteristika und Möglichkeiten forschenden Lehrens und Lernens. *HINT – Heidelberg Inspirations for Innovative Teaching, 1*(1), 11–26. https://doi.org/10.11588/hint.2020.1.77682

Kraft, O. (2024). Leitlinien für ethische Grundsätze des Karlsruher Instituts für Technologie (KIT). KIT. https://www.ethik.kit.edu/downloads/2024-07-22_Ethische_Leitlinien_KIT_final.pdf. Zugegriffen: 2. Dez. 2025.

Lamnek, S., & Krell, C. (2024). *Qualitative Sozialforschung* (7. Aufl.). Beltz Juventa.

Leithwood, K., Louis, K. S., Anderson, S., & Wahlstrom, K. (2004). How leadership influences student learning. The Wallace Foundation. https://conservancy.umn.edu/bitstreams/3414bbd1-cf1c-4182-83e3-34843fb69077/download. Zugegriffen: 2. Dez. 2025.

Lipowsky, F., & Rzejak, D. (2017). Fortbildungen für Lehrkräfte wirksam gestalten: Erfolgsversprechende Wege und Konzepte aus Sicht der empirischen Bildungsforschung. *Bildung und Erziehung, 70*(4), 379–399.

Lüdders, L., & Zeeb, H. (2020). Methoden der empirischen Forschung. Ein Handbuch für Studium und Berufspraxis. APOLLON University Press. https://www.apollonhochschulverlag.de/wp-content/uploads/2020/09/Leseprobe_MB07_Luedders_Zeeb.pdf. Zugegriffen: 2. Dez. 2025.

Mayrhofer, H. (2025). Zugängliche Rechtsforschung? Reflexionen zur Positionierung rechtssoziologischer Forschung zwischen Anwendungsorientierung und wissenschaftlicher Exzellenz. *Zeitschrift für Rechtssoziologie, 45*(1), 181–199. https://doi.org/10.1515/zfrs-2025-2009

Mohajan, H. K. (2018). Qualitative research methodology in social sciences and related subjects. *Journal of Economic Development, Environment and People*, 7(1), 23–48. https://mpra.ub.uni-muenchen.de/85654/. Zugegriffen: 02. Dezember 2025.

Moser, H. (2018). Praxisforschung: Eine Forschungskonzeption mit Zukunft. In T. Knaus (Hrsg.), *Forschungswerkstatt Medienpädagogik. Projekt – Theorie – Methode* (2. Aufl., S. 449–478). kopaed. 10.25656/01:17075.

Neuenschwander, M. P. (2005). Forschungskompetenzen in der Lehrerinnen- und Lehrerbildung erweitern: Ein Weiterbildungskonzept. *Beiträge zur Lehrerbildung, 23*(2), 270–280. https://doi.org/10.25656/01:13575

Quesada-Pallarès, C., Marrs, S., & Martínez-Fernández, J. R. (2022). Teaching and learning research methods: Fostering research competence among students. *Frontiers in Education, 7*, 1075978. https://doi.org/10.3389/feduc.2022.1075978

Rauhala, M., Kalokairinou, L., Hayes, B., & Houghton, J. A. (2021). Ethics in social science and humanities. European Commission. https://ec.europa.eu/info/funding-tenders/opportunities/docs/2021-2027/horizon/guidance/ethics-in-social-science-and-humanities_he_en.pdf. Zugegriffen: 2. Dez. 2025.

Reinmann, G. (2015). Heterogenität und forschendes Lernen: Hochschuldidaktische Möglichkeiten und Grenzen. In B. Klages, M. Bonillo, S. Reinders, & A. Bohmeyer (Hrsg.), *Gestaltungsraum Hochschullehre. Potenziale nicht-traditionell Studierender nutzen* (S. 121–137). Budrich UniPress. 10.25656/01:11438.

Reinmann, G. (2024). Action Design Pattern „Forschendes Lernen unter KI-Bedingungen". HUL Selbstlernmaterial. https://www.hul.uni-hamburg.de/selbstlernmaterialien/dokumente/hul-adp-forschendes-lernen-ki.pdf. Zugegriffen: 2. Dez. 2025.

Rodrigues, G. N., Campillo, I., & Puertas, I. (2024). ENLIGHT towards an impact-driven university. In N. O'Regan (Hrgs.), *From Purpose to Impact* (S. 13–80). Routledge.

Runge, F., & Sauer, M. (2024). Forschendes Lernen in der geschichtsdidaktischen Hochschullehre. *Geschichte in Wissenschaft und Unterricht, 1–2*, 76–83.

Rüschoff, B., & Velten, S. (2021). Anforderungen an einen erfolgreichen Wissenschafts-Praxis-Transfer (Wissenschaftliche Diskussionspapiere, Heft 228). Bundesinstitut für Berufsbildung. https://www.bibb.de/dienst/publikationen/en/download/17263. Zugegriffen: 2. Dez. 2025.

Weyland, U. (2019). Forschendes Lernen in Langzeitpraktika: Hintergründe, Chancen und Herausforderungen. In M. Degeling, N. Franken, S. Freund, S. Greiten, D. Neuhaus, & J. Schellenbach-Zell (Hrsg.), *Herausforderung Kohärenz*: Praxisphasen in der universitären Lehrerbildung. Bildungswissenschaftliche und fachdidaktische Perspektiven (S. 25–64). Verlag Julius Klinkhardt. https://doi.org/10.25656/01:17265.

Wildt, J. (2009). Forschendes Lernen: Lernen im „Format" der Forschung. *Journal Hochschuldidaktik, 20*(2), 4–7. https://eldorado.tu-dortmund.de/bitstream/2003/26936/1/2009_2_Wildt.pdf. Zugegriffen: 2. Dez. 2025.

MIX
Papier aus verantwortungsvollen Quellen
Paper from responsible sources
FSC® C105338

If you have any concerns about our products,
you can contact us on
ProductSafety@springernature.com

In case Publisher is established outside the EU,
the EU authorized representative is:
Springer Nature Customer Service Center GmbH
Europaplatz 3, 69115 Heidelberg, Germany

Printed by Libri Plureos GmbH
in Hamburg, Germany